我還在跑，沒時間變老

人生賽道的四十個擇學

蔡詩萍——著

目次

輯三 都是風景，陪跑的可愛地方與人們

序　自己的賽道，自己完成

雖然邊跑馬拉松邊記錄跑步心情，拉拉雜雜寫了不少，但等到該寫一篇序文時，才發現突然有些「不知所措」。

不是謙虛，是真的不免疑惑。

畢竟，我非一流跑者，連中段班都不及格，要談跑步的專業性，完全不夠格。

談不了專業，那我還能談些「關於跑步」的什麼呢？

「關於跑步，我想說的是……」愛跑馬拉松的大作家村上春樹，是這樣起頭，細數他的跑馬歷程。可他跑得真快，在他完賽後，回到旅館沖了澡，喝一杯威士忌放鬆時，我呢？還在跑道上掙扎最後幾公里啊！

村上春樹確實可以說：「關於跑步，我想說的是……」他是賽道上的菁英，可以正面表述關於跑步的事。而我呢？恐怕只能怯生生的說：「關於跑步嘛，我『能說的』只不過是……」

我無法談跑步的專業、無法談心肺的訓練、無法談上凸台[1]的感受、無法談破ＰＢ[2]的訣竅、無法談征戰波士頓馬的意志、無法談核心肌群的鍛鍊……。身為馬拉松後段班，除了絕非謙虛的自卑外，我能說什麼呢？

我能說什麼呢？一出發，便落在人後。槍聲乍響，許多一流跑者狡兔一般飛竄出去，若非賽道是折返型的，否則我根本不會遇上他們。

我能說什麼呢？在很多賽事裡，不少前段班選手碰到我，會為我加油，我當然也會禮貌性的回一句「加油」，但我馬上警覺：「我什麼咖啊，哪輪得到我替前段班加油呢？該加油，而且該加很多油的，是我啊！」

我能說什麼呢？我至今最好的表現，是在指標性的兩大馬拉松台北馬、萬金石馬，都過了關。成績雖沒有很漂亮，但過這兩關的雀躍，讓我稍能體會那些菁英選手破ＰＢ、上凸台的心情。儘管，這兩種情況天差地別。

但，我還能說什麼呢？我望著一塊一塊完賽後的獎牌，望著摺痕累累或混染汗水、雨水的號碼布（我有保留它們的習慣），突然感覺「深情款款」了。

---

1 比賽前三名領獎時所站的領獎台座。後多以「上凸台」表示獲獎上台。

2 「個人最佳成績」的英文縮寫（Personal Best），指比賽時個人的最佳表現，亦可稱為個人紀錄（Personal Record）或縮寫為ＰＲ。

我不可能在馬拉松賽道上成為了不起的選手！

但我一直跑、一直跑，讓忙碌繁瑣的生活拋在腦後，將不再年輕的惶惑拋在腦後，把人際網絡的爾虞我詐拋在腦後。我在不斷跑、不斷跑的累進中，強大了自我！

我就是我！我已是不一樣的我。

一個能在四十二公里的漫漫長路上，強大自己的我。

一個想在百馬歷程上，為自己打個勾勾說「你也可以」的我。

我喜歡聽自己在賽道上的喘息聲，兩步一吸、兩步一吐，規律的踏步。漫漫賽道上，有上下坡、日曬雨淋、天寒地凍，我們都可能遇上。我不年輕了，許多夢想都漫漶成歲月，從人生的上游漸漸走向了下游。

我能期待什麼呢？

我還能做什麼呢？

宛如跑步，宛如跑馬拉松吧。

我接受了自己的後段班命運，我尊敬那些飛快的前段班跑者，但我不會停下來自卑、停下來懊惱，我就是我，我的賽道由我完成！

輯一

光陰追趕，再喘也要抬腳伸志

1

中年震盪，聽見內心鼓聲

沒什麼理由是不能跑步的，
跑步，是我這輩子迄今維持最久的運動。

●●●

我從不是個跑快的人。
愛上跑步，跟身體狀況有關。

小時候身形瘦削，母親常常疼惜的摸著我頭，嘆息孕期營養不好，孕後缺乏奶水，只能以稀飯熬粥餵我。鄰居好心贈雞蛋讓她補身，她卻用蛋白攪和在稀粥裡餵我。但隨著吃多了，我常皺眉，別過頭去不肯喝。母親能怎樣呢？貧賤夫妻，那已是她能想出最營養的副食品。這段嬰兒時期的最大後遺症，大概要到我小學後，才願意吃荷包蛋、煎蛋，在那之前，聞到蛋味就打心底反感。

小學打躲避球，我根本接不住班上身手矯健的女孩所丟來的強勁皮球，總是被擊中，只得低著頭、摸摸鼻子走到外圈，扮演砸球的角色。但更尷尬的是，我扔的球，女生接得住也閃得過。這就注定了，同學往後對我的刻板印象：「啊，他就是個文弱書生嘛！」

身形瘦削唯一好處，是大夥玩騎馬打仗遊戲時，適合騎在兩人架起的馬背上，當衝鋒陷陣的騎手。

國中以後，自慚消瘦矮小，開始自力救濟。聽說發育階段常常刺激腳心能長高，遂削了幾段竹片，放在院子裡，有事沒事便來回赤腳踩踏。而為了長高，當然必打籃球，國高中亦是我人生中狂熱籃球的巔峰。

不過，相較之下，「跑步」則成了我這輩子迄今維持最久的運動。

國高中時，每逢假日清晨，我便帶本英文單字或文法，出門跑步。那年歲，也沒什麼如何正確有效跑步的概念，套上鞋，跑就對了，跑步距離通常也不長。如今回想，大約就出家門沿著往茶業改良場的小路一直跑（沒錯，正是那座位於楊梅埔心至今尚存的北部第二茶業改良場），再轉往後面的小山丘，直到山頂。算算可能不過三公里多。這條路線後來與父親老後牽狗散步的路徑重疊，父子竟然跨年歲的走跑在同一條路，不是故鄉的概念又是什麼呢！

跑到山頂後，我會翻開書本，一段一段背誦，累了便看看遠方山下，隨意遐想，然後再跑步回家。那年紀不覺得日子清貧為苦，心心念念只想考上一所好高中，並把自己身形練到像籃球校隊一樣高大而已。

高中進了新竹中學，眼界為之一寬。打籃球、排球、手球，夏季游泳、冬季越野跑；認識魯迅、胡適，讀了詩歌、翻譯小說與哲學概略、政治學，身高從國三的一百六十公分出頭，竄到近一百八十公分（其實只有一百七十九公分啦），但還是偏瘦。那時每年冬季，全校為了越野跑在練習，逐月增加跑步分量，如今憶起，仍令我想念。

一群高中生，沿著操場，每週一圈圈的加重分量，邊跑邊聊天。

王文興的《家變》出版後，我曾跟一個同學邊跑邊爭論。我說我震撼小說裡男主角如此反對家父長制，這書一定會紅。往事歷歷，當王文興過世後，我在臉書上又發文提及當年的震懾，以及對他的文學評價。難以想像，我當初竟是在跑步途中議論此書！

大學以後，慢跑依舊是我最簡單而實用的運動。悶了，出門跑；寂寞了，出門跑；吃多了，出門跑；心情沮喪，出門跑；總之，沒什麼理由不能跑步的。

我被影響的，是跑在後段班也要為人加油

然而，直到跑馬前，跑步距離最多都在五、六公里間。一般學校操場一

圈兩百公尺，跑個十圈、二十圈，不過二至四公里；即使搬到木柵靠近政大校園，操場一圈增加到四百公尺，十圈亦不過四公里爾爾。

直到試著跑半馬，練跑也隨之拉長距離。在家旁的山路上，隨便起跑單程就五公里多，加回程便達十公里以上了。而且，人真是要訓練的，以前五公里便感疲累，後來隨便十公里亦不覺得有多累！

隨著半馬累積幾十場之後，又發現馬場上的高手根本不談半馬！他們一開口，就是上週那場全馬如何，下週那場全馬又要去哪！

半馬變得很入門。於是，我決定全馬了。

這決定不容易。甚至，我第一次跑全馬就慘遭滑鐵盧。事實上，全馬絕非兩個半馬一加一的算術總和，而是遠超過半馬訓練與堅持的毅力和體力。要跑全馬，平時要有月跑量；跑全馬，要挑選鞋襪；跑全馬，要看書、學習網路上的專業教學；跑全馬，要把跑步當成日常；更講究的，無非請老師、參加專業慢跑團了。

我第一個完賽的全馬，是在日本宮崎。二〇一五年十二月的天寒地凍下，跑到後半段幾乎凍僵，但那次全馬之所以成為我的「初馬」，必須特別感謝一位不認識的日本跑友。在跑過三十幾公里後，疲倦陡升、腳程放慢，那時，剎見前方一位一拐一拐、跑姿奇特的跑者，隨著慢慢跑近擦肩而過，我本能的看了他一眼，他也隨之側過臉回視，並喊出一句日文：「がんばって（加油啊）！」

就那麼一瞬間，我深感震撼。他是個年紀不算大的年輕人，卻有著相當程度的腦性麻痺體徵。我注意到他的顏面略顯抽搐，右手捲曲，右腿也呈彎曲，跑步時的重心因此必須向右傾斜。他跑得不快，但速率很穩，充滿自信，卻不忘向每個超越自己的跑者喊一聲「がんばって」。

在越過他後，我全身血液沸騰起來。我怎能不加油呢、怎能不跑完呢！

那是我的初馬完賽，在之後，難免仍出現跑不完的窘境，但我一直記得那位大喊加油的陌生日本跑者，這麼些年下來，他又跑了多少場全馬呢？

也許，我被影響的不完全是必須完賽的意志力（當然也有），而是，跑在後段班，仍要向每位快放棄或被我這遜咖超過的跑友，喊一聲「加油啊，再撐一下」！

加油啊，我們必然被歲月催促的人生；加油啊，我們必然要逐漸老化的人生；加油啊，我們終究有著屬於自己要面對的寂寞與孤單；加油啊，我們一塊繼續跑下去吧！

因為不停的跑，忘卻人生的孤寂與不快。加油啊！

2 回不去了，但有一種暢快

我沒法在半馬跑完後，順路為妻子帶早餐了；
但我可以完賽全馬後，回家陪妻子吃晚餐。

數年前台北馬半馬的紀錄，應該是我最後一次的半馬。那時，我已經跑了幾場全馬，但仍然有些猶豫，於是偶有半馬的過渡階段。如今回想，真是一念之差啊！兩個多小時可以輕鬆完賽的半馬，對比上五、六個小時拚命完賽的全馬。

然而也不至於是天堂與地獄的差異，畢竟全馬完賽後躺地仰望天際那種「很爽」的愉悅感，是半馬人或不跑馬的人很難體會的。

跑半馬的當時，我可以在完賽後，於回家路上順道帶妻子的早餐，然後沖個澡、喝杯熱咖啡，邊吃早餐邊寫半馬心得，接著才又突然想起來，啊，全馬道上還有跑者在奮戰呢！

看！這不就是全馬與半馬的差別嗎？

在一念之間，雖然只是從兩個多小時的半馬完賽，跨進五、六小時的全馬完賽，但這在人生中跨越的，豈止是兩個小時到五、六小時的延伸，而是交換了許多生命哲理與機會成本的抉擇。

完賽半馬，能多出好幾小時做許多事，但若選擇在半馬之後繼續下一個半馬，達到全馬四十二公里的路程，那就只能做一件事：繼續跑，一直跑，直到停下來，或跑進終點線。這便是差別！

我不是說跑半馬沒有煎熬，但煎熬得太短暫。才剛剛有點體悟：「啊我的人生……」鈴聲就響起，時間到，跑完了！

尋常跑半馬的人可能感覺不到這差異，但若跑過幾次全馬再回頭試半馬，大概便能明瞭我的意思。那是意猶未盡，那是淺嚐即止，總覺得成功來得太快、快意去得太早，差那一點點的味道！

但「差那一點點」，或許正是許多跑者從半馬跨向全馬的誘因，也是許多全馬跑者難以再回到半馬的執著。

我就是從輕鬆完賽半馬，跨向使勁完賽全馬的過來人，對那「差那一點點」我有一些「神祕的」好奇與體會。

有些馬拉松賽道的半馬與全馬路線會重複，於是，在跑步過程中會看到全馬的前段班迎面奔來，讓半馬跑者心生羨慕：「哇，好厲害喔，是全馬耶！」

而有些賽事是到達某一里程時，半馬與全馬會分道揚鑣：「四十二公里全馬請直行」、「二十一公里半馬請轉彎」，半馬跑者的我會邊跑邊望向分道而行的全馬跑者，心中盤旋著：「哇，我剩下幾公里了，他們還要繼續幾十公里呢！」此時我們半馬跑者就好比在某一站先行下車，迎向一杯熱茶或一瓶啤酒，舒服是舒服了，但會掛心那群繼續向下個半馬奔馳而去的跑者，他們仍喘氣揮汗，踏著沉重步伐，還要繼續跑下去。

對半馬而言，我們下車了，但二十一公里之後的每一站，二十五公里、二十八公里、三十公里、三十三公里、三十五公里、三十八公里、四十公里、四十一公里呢？這每一站，又會是怎樣的風景呢？

「我可以跑到哪裡？」

「我有機會撐到四十二公里的站牌嗎？」

出於這種本能的好奇心，我想我最終還是會不自量力的往全馬挺進吧！

想窺視二十一那個數字之後，隱藏著怎樣的一幅圖像；想知曉那些看來不怎麼年輕的跑者，為何能在我的半馬轉折點後，繼續往前向遠方的數字叩關。

那是年齡的界線嗎？不像，他們並不年輕。

那是性別的分野嗎？更不是，有不少女性跑者選擇往二十一公里後飛奔！

那是意志力的張揚嗎？看來是了，他們跑得毅然決然。

那是痛苦但有著奇異召喚的喜悅嗎？肯定是，不然有些跑者為何瘸著腿、滿臉痛苦，卻依舊「跑啊跑」的不肯放棄。

我在轉往半馬回程之處時，不免心中充滿好奇、疑惑，與一種張望。於是，我會回過頭，腳步向前，眼神與心思卻跟著全馬跑者迤邐而去。

「我也該試試全馬吧？」

「試了不行，再回來半馬吧！」

「不試怎麼知道自己的能耐呢？」

如果不去嘗試後半段的半馬，我永遠不會知道「為什麼要跑全馬」的答案，不是嗎？

缺乏跑步天賦，就用跑步意願來填補

在我猶豫半馬或全馬的期間，透過上網查探全馬跑者的心路歷程，我很清楚的知道，全馬極不容易，絕不是半馬加半馬就等於全馬的直線方程式，而且更可能是，半馬之後速率曲線向下滑落與意志潰散的掙扎。

但不試試，怎麼知道呢？

於是，像上癮般，我一馬接一馬的跑下去了。

很辛苦，我並非有天分的跑者，也沒時間、沒體質，去接受嚴格的路跑團訓練。就像我們總要到某個人生階段，才明確知道自己資質有限，無論如何用功、怎麼努力，在某些人生的競技場上就只能達到某個程度而已。我們必須知道自己，認識自己，了解自己，而後，放下世俗眼光裡的自己，去接納自己可以接受的自己。

我沒有跑步的天賦，但我有跑步的意願。

我沒有一下子拉高天花板的ＰＢ，但我有「跑到老，跑到不能跑為止」的蠻勁！這可能是跑者最恐怖的特質了。說穿了，不也就是馬拉松的精神嗎？

我最好的選擇，不是破ＰＢ，而是破馬數，於是「追求百馬」跳進我的視野內叫囂著：「何不試試完成一個百馬呢？」

一年跑十幾場全馬，七年、八年便能達陣一百馬。為了一年十幾個全馬，我必須維持跑步的渴望、跑步的堅持與跑步的自律。我也許不會因為追求百馬而更有成就，但我可以因為追求百馬，讓生活規律化，心態健康化，體格不致老化。

開始跑全馬後，雖然有時失敗，但多數成功，久而久之也累積數十個全馬紀錄了。但我若停在半馬線上，我永遠不知道我會有今天！我相信，只要繼續跑下去，我必定會迎接到那個百馬紀錄來臨的一天。

懷念半馬的輕鬆歲月，但我回不去了！

3

奔跑中，總有未完待續的劇情

我們難以從人生賽道上的各種角色輕易退下來，
但可以在馬拉松跑道上，占有故事的一席之位。

很多臉書網友說：「原來你的跑馬『這麼有故事』！」

其實，又能有什麼故事呢？我只是小時候自覺要把身體練得高大些，而一旦跑了，又發現跑步效率最高、所費最低，換言之，跑步的ＣＰ值很高罷了。

但，跑馬真的可以「很有故事」。

曾有跑友告訴我，他在短短時間內連續失去至親，幾乎崩潰，最後是靠著朋友支持，拉著一塊出門跑馬才走出陰霾。講完故事後，他悠悠的邊跑邊問：「你呢，每週出來跑步，應該也有自己的故事吧？」

我邊跑邊喘，腦海中不斷盤旋自己那些平凡的因素：長高長大、增添男子氣概，這些算「故事」嗎？

想了一會，我頑皮的對他說：「我總不能告訴你，是因為週休二日妻子在家，所以出來跑步吧！」接著，他看著我、我看著他，擔心他信以為真的我趕緊補上一句：「開玩笑啦（當然是開玩笑，不然傳出去我還怎麼回家啊）！」

每個跑馬的人，都有「自己的故事」。

應該是吧？不然，誰願意每週起早摸黑趕路，跑看似無聊的全馬呢？如同人生，每個人都有自己的故事，只是別人感不感興趣，而我們自己，有沒有興致說它而已。

觀察世間事，我常說每個人都該是自己世界的主角，只可惜，在更大的世界裡，在更複雜的人際網絡裡，別人不一定把你當個咖。這種無奈、落寞與無法排遣的情緒，往往會積鬱心頭，但這就是人生的現實、複雜與無可奈何吧！

我們各自努力在人生的跑道上，出發前，躊躇滿志；路程中，奮力向前。然而，努力意味成功嗎？成功一定要照世俗的標準嗎？如果不盡如人意，我們可以從跑道上退下來嗎？

很難，我們難以從人生跑道上的各種角色輕易退下來。為人子女，就有孩子的心意；成為父母，就要善盡家長的職責；進了職場，就須全力以赴成為somebody。年歲漸長、期許日增，挫折與負擔便隨之加重，人要稱心如意，幾時能夠呢？

跑馬亦如是。

天色濛濛的跑馬場上，人影從各個方向逐漸浮現，互相招呼、熱絡合影，然後寄物，隨著台上播放的快節奏音樂熱身，主持人透過麥克風高分貝介紹來賓，當來賓一一上台致詞，人潮更簇擁了，倒數時刻即將來到，我們呼吸到彼此的體味、口臭，但不以為忤，因為我們就是這場馬拉松的主角。隨著哨音或槍聲一響，開始有人迅速領先或快速落後，接著有人棄賽或姍姍來遲壓線奔跑，最後，有的人能站上凸台領獎，也有的人必然被關門[3]，當然，更多人是陸陸續續的跑進終點。

忘卻失意與得意，重新定義人生意義

一場跑馬，少則幾百人，一般數千人，多則上萬人，每個來跑馬的人都有自己的理由，但一旦跑下去，就都成了不折不扣的「馬拉松人」！

3「關門時限」的簡稱，在路跑賽或馬拉松賽事時，為了不影響道路交通，會設定大會限時，若無法在限時內跑完就會失去資格。

「馬拉松人」，嗯，必須加上引號，否則不足言其特殊。

「馬拉松人」不可以要跑不跑的，必須把跑馬當常態。

「馬拉松人」可以跑快亦可跑慢，但通常不會隨便放棄一場跑馬。

「馬拉松人」在內心深處的靈魂有一種召喚，找尋適合自己、一定要去的賽事。

「馬拉松人」必然跑馬成癮，不跑不快、跑了痛快。

「馬拉松人」在馬場上，不論出身，只在乎跑了幾場，現在身價幾馬。

「馬拉松人」會自動分出前段班、中段班、後段班，各班相濡以沫。前段班如高手切磋技藝，高來高去。中段班奮力精進，精益求精。後段班呢，有的像高手隱於市，輕鬆享受跑馬；有的如我這般，拚盡全力仍是原地踏步。前段班跑得「痛快」，我則跑得「痛慢」，但我依舊努力的找空檔跑賽事，為什麼呢？因為，我以「馬拉松人」自許，也自詡能被「馬拉松人」接納，更自豪跑進終點線時，臉上露出「痛並快樂」的掙扎！

「馬拉松人」是奇特的族群。

「馬拉松人」犧牲了睡眠、娛樂與時間，犧牲了機會成本，犧牲了原先熟悉的人際網絡。

「馬拉松人」忘卻世俗標準、主流價值的傲慢，改以「完賽多少馬」來衡量馬場意義。

我至少見過兩位「千馬哥」，當他們走進馬場時，大家會瞬間投以欽羨的目光，就像一種無形的聚光燈，道出馬拉松人心底無極的崇敬：「哇靠，千馬耶！」這個數字代表二十年間要年年完賽五十場，多可怕的數字！多可敬的毅力！多值得感謝家人的寬容！人生有多少二十年呢？我完全不敢想像自己能有千馬神人的境界，我只想在老到不能跑、老到出不了門、老到妻子不再放心之前，拚出我的百馬！

我會有故事嗎？

我會因成為「馬拉松人」而改變人生嗎？

我不知道。但我在跑馬的路程中，知道很多人跟我一樣，從各地摸黑出門，站上起跑點，接著蜂擁而出，傾聽彼此的喘氣聲，各自昂首向前。人人都有自己現實世界的得意或失意，那不重要，重要的是：我們跑出存在。

4

我跑，所以我存在

「存在」是一種很獨特的感受。

我接收到「存在」的概念，是從「存在主義」而來。二十世紀，歷經兩次世界大戰。一次大戰死傷千萬，本以為是意外，文明社會不該如此。但時隔不久，再爆發的二次世界大戰，終讓眾人明白，殘酷並非意外，而是人性的試煉，是暗黑勢力對文明的考驗。

存在主義大師暨哲學家沙特寫過一個劇本：俘虜在酷刑百般虐待下，突然忘卻肉身被折磨的痛苦，露出奇異的笑容。這場景之所以震撼人心，乃因極端痛苦帶來的超越，使我們忘卻疼痛，進入痛極而昇華的喜悅。

這便是存在主義所凸顯的意義，存在先於本質，我們是誰不重要，能在體悟中領略生命的意義，才是關鍵。

我們跑，故我們存在。如果我沒有跑馬，不在跑的過程中，體會到肉體的疼、倦、極限，及其不斷呼叫的「放棄吧」，並在最終超越克服，那我不會知道「存在的意義」。

「我為何要出門跑馬呢？！」

問號，是疑惑為什麼？驚嘆號，是讚嘆我竟然出門了！

我可以賴床，那是本能。我可以找理由，那也是本能。我可以說下次吧，那也依舊是本能。我還可以拿妻子的關切當擋箭牌，她擔心我撐不住，那也很合理。

但，我出門了，頂著寒風刺骨。

我踏出門了，即便陽光將人烤焦。

我確實出門了，雖然細雨綿綿。

我離家出門了，月亮仍掛在西天。

我餓著肚子出門了，在便利店點杯咖啡、嚼著麵包，查詢翻看谷歌地圖上的路線。

我出門做的不是了不起的大事，無非是一場不去也不會天搖地動、不跑也不會有什麼損失的馬拉松。但我還是出門了。

讓我感覺存在的，是離開溫暖的被窩；是站在便利店啜飲咖啡，被店員投以「這大叔怎麼這身打扮」的視線；是驅車前往賽場，還沒起跑就因車程太久的腰酸背疼；是屢屢打呵欠，卻在哨音一催下的熱血沸騰。

我可以找到幾十個不出門的藉口，卻只為了一個理由選擇出門：我是個跑馬人！

我是一個運動史上不會留下紀錄的「馬拉松人」！或許極偶然能上凸台，

但通常不可能上得了台。若能完成百馬，那又怎樣呢？馬拉松史上有我的名號嗎？當然不會。但我仍笑著出門，只因自己真正開心啊！為自己出門的勇氣感覺驕傲，為家人對自己跑馬的寬容感覺幸福，為自己還能跑、還有決心出門跑感到愉悅。

沒錯，我是個跑馬人。一個跑不過馬，但跑得過歲月，跑得過世俗的馬拉松人！

用痛苦刷到的存在感，特別有感

「存在」是很特別的感受。痛苦的跑步，能凸顯「存在感」。陽光炙熱，致使汗如雨下、刺眼傷膚、口乾舌燥。或者，寒風刺骨，鼻腔吸進的全是冷風細雨，肌肉僵硬、腳趾擠壓、膝蓋摩擦、鼻水流淌。

何苦來哉呢？跑完這一馬，世界不為此改變什麼。

然而，回到終點，兩手插腰喘息不停，彎著背看向那雙擠壓在跑鞋裡幾個鐘頭的雙腳，腳趾腫脹、小腿酸軟，我卻感受到「存在」。

我坐著脫下鞋襪，讓腳趾感覺存在、風吹的存在、離開包覆後自由伸張的存在；斜躺在草地上，體驗喝一大口冰啤酒的存在；在手機上向妻子家人報平安，享受再下一城、跑完一馬的存在。

世界沒有因我而改變，但我隱隱約約知道，我改變了我自己。

我不跑馬的幾年前，假日就待在日常裡。晨起不會積極練跑，晚上也不會出門夜奔。甚至，假日驅車在某地遇見跑馬，目送一堆人從眼前跑過，還會覺得他們「真無聊」。

不跑馬的日子在循環裡循環。

接著，我開始跑馬了。假日十分忙碌。清晨風雨無阻的出門練跑，夜裡鍛鍊奔馳連小三也攔不住（開玩笑啦）！跑在交通管控的路口，聽見車輛駕駛在罵交管，還會轉身喊：「拍謝、拍謝。」

新陳代謝的循環改變，跑馬的日子出現了新的循環。

「存在」是什麼感覺呢？

感覺風的存在，雨的存在，聲音的存在，溪流的存在，白雲的存在，烏雲的存在，人聲交錯的存在，腳步蹬地的存在，踩踏濕滑路面的存在，額頭抵著帽簷的存在，幾乎抽筋的存在，別人超過自己的存在，自己超越別人的存在。

「存在」是一種對話的情境。

跑馬後段班在賽道上動輒五、六個鐘頭，與人邊跑邊聊，固然是對話，但絕大多數情況下，是跟自己對話。想來，我們很久不跟自己對話了；在跑馬時，卻必須跟自己對話，不然絕對撐不下去。

起初與之對話的自己，是全體性的自己：

「還好嗎？」

「還可以跑下去嗎？」

「這一趟跑完，就第××馬了，加油喔！」

跑著跑著，逐漸變成與「自己的一部分」對話。想起高中，一塊跑步時聊小說的同學。想起大四跑完十圈操場，去校園旁吃冰的自己，冰店還在，你已老了。想起三十五、六歲失戀，在細雨中自以為天地同悲，繞著操場拚命跑。想起女兒五、六歲繞著花園跑，笑呵呵的追著自己。

我跑，我存在。「存在」是一種體驗，一種體悟，一種體會。由於跑馬，我體驗了極限，體悟了感謝，體會了美好。

所以，怎能不選擇跑馬呢？

我笑笑，穿上跑鞋、套上跑衫，出門了。

5

沒空對年齡討價還價

我們有很多種方式老去，
跑馬拉松，是最不輕鬆的那種。

我盯著那張新聞照片，久久難以移開視線。

照片裡，是位八十二歲的法國老婦人。她在二十四小時內，連續跑完一百二十五公里。

哇，太厲害了。

換成自己，號稱花甲美魔男的自己——老蔡，有辦法嗎？

嗯，現在應該還可以，但問題問的是，八十二歲的我還可以嗎？

雖然在平均餘命超過八十歲的今天，活到八十歲並不是什麼難以想像的事，完全已是現實的一部分。

但八十歲以後，能不能行動自如？

八十歲以後，能不能不要躺在病床上？

八十歲以後，能不能依照自己的意志，有體能走自己的路、跑自己的馬拉松呢？

這應該才是我看著這則新聞，心中激盪的問題。

一場全馬四十二公里，如果以後段班跑者費時六小時為基準，並維持這個均速計算二十四小時，應該可以跑完一百六十八公里。

但這純然只是理論上，因為體能隨著不間斷的消耗，只會逐漸滑落，均速會慢慢下降，所以能跑出一百二十五公里，的確不簡單，何況，還是一位八十二歲的老人家呢！

她要忍受著膝關節退化，忍受著身體老化的病痛，忍受著這年紀可能的孤獨與寂寞。一天二十四小時持續的跑動，不僅僅是一種肉體的挑戰，更加是一種精神上意志的考驗。

為什麼而跑呢，都八十二歲了？

為什麼不在家含飴弄孫、泡老人茶就好？

想運動的話，為什麼不散散步就好？

每個人都有著讓自己繼續活下去的哲學，但選擇一種嚴酷考驗自己肉體，甚至折磨自己身軀的馬拉松，絕不是一件好玩的生存哲學。

若不是，我們總感覺體內有著遙遙的召喚，召喚著我們已不年輕的身軀裡，那顆「曾經年輕」而「此刻仍年輕」的「不服老」靈魂，否則我們幹嘛要出去折磨自己呢？

來日多少未知，但不該停在歲月的關卡上

我們可以有很多種方式老去。

但我絕不會選擇那種「哎呦都老了，還幹嘛逞強呢」，於是便頹坐電視機前，蜷縮進沙發裡，任由一個節目換過一個節目的光陰消磨。

在時光消逝之前，我寧願像那位八十二歲的法國老婦人，在收藏櫃裡翻出一塊又一塊的獎牌，細數獎牌記錄著哪一年哪一月哪一日，去了哪一場的馬拉松，有誰與自己一塊跑、有誰一起完賽，以及結束後的合照、聚餐。然後，歲月悠悠，隨著多年過去，有些跑馬的朋友先從人生跑道上畢業，而我還是繼續的跑，速度不快了，但完賽的雀躍依舊。

我跑著、跑著，那些曾經一塊跑的朋友似乎又都從歲月的角落裡鑽出來，跟著我一同向前，為我喊著「加油啊！好朋友，不要放棄」。

我希望能在八十二歲時，在清晨醒來，洗把臉，穿上短衫短褲，套上跑

鞋，戴上運動帽、太陽眼鏡，關上門，走出家門，往跑場一步步走去。那將是一個晴朗的早晨，我會慢慢加熱體溫，感覺關節在彈跳、身體在韻律，那顆跑者的靈魂在雀躍。八十二歲了，來日多少未知，能再跑多久也不知道，但我至少沒有停在八十二歲的關卡上，我還要出門跑連續二十四小時的長程馬拉松。

如果真有那麼一天在八十二歲的清晨出門跑馬，我會記得我在二〇二二年六月二十日讀過的那則新聞，那位八十二歲法國老婦人的馬拉松故事。

沒錯，我們會老，會老到站不起來、走不動路，但很抱歉，不會是在八十二歲的時候。八十二歲時，我還要跑二十四小時超過一百公里的超級馬拉松。然後，我會在更老的時候，告訴年輕朋友：「喔，那年喔，我八十二歲跑完了一場超馬呢，從天光昏暗一直跑到天光再度昏暗呢！」

我們跑，我們便存在。

歲月，就讓它在我們身後追趕吧！

6

缺乏自律，只會成為歲月的奴隸

跑馬人唯一不變的寶典，
只有練跑、累積。

●●●

跑馬跑久了，總要回答一些數字問題。
跑了多少馬？ＰＢ多少？月跑量多少？

跑多少馬，這問題很難分出馬場高下。那些菁英高手不一定跑很多場馬，但每場都速度驚人。他們的ＰＢ對我來說根本是天花板般的數字，仰之彌高，鑽之彌堅，是想都甭想的不可能。而我所碰到跑馬場次累積數百乃至上千的高手，通常ＰＢ不驚人，他們不追求速度，反而是追求週週馬或週休二日的連日馬。

然而，不管是菁英高手或數百馬高手，他們的月跑量都不在話下。

我認識一位前馬拉松國手，國手時期每天早上一個半馬，夜晚有時也來個宵夜半馬。這是國手的常態。不用說，他的月跑量必定驚人。而週週馬或週休二日連日馬的高手，只要試算一下，他們的月跑量也一定相當可觀。週週馬的基本數字是一百六十八公里，週休二日連馬的基本數字則是三百三十六公里，而且，這還沒加上他們平日的練跑！

馬場上諺語：「跑馬沒有奇蹟，只有累積。」

指的正是這樣的月跑量，涵蓋著練習量、累積量、意志量、耐力量。當然偶爾還是有奇蹟，能看到初馬跑者硬撐著，跑完一場時間充裕的全馬。然而一旦限時比較緊湊，例如台北馬五個半小時就關門，在練習不夠的情況下，即便使盡蠻荒之力，亦未必能完賽。

練跑、累積，這是跑馬人唯一不變的葵花寶典。但不一樣的是，欲練神功必自宮，想成為馬場超人卻只須每天肯出門，練一、兩個小時，跑得汗涔涔、喘吁吁，葵花寶典便在手中了！

很會跑步的諾貝爾文學獎級小說家村上春樹，他的月跑量大約維持在兩百六十到三百一十公里之間，偶爾多些、有時少些，端看當時的生活狀況或天候情況，從行文中推測，他大概跟我一樣盡量不跑跑步機。而他每日平均跑量是十公里，週末休息一天。

不過，村上春樹這位小說家的全馬最快可以跑到三個半小時，若掉到四小時，他便會有些懊惱「到底發生什麼事」。

對我而言，村上春樹的小說、小品，都是精品，我讀我羨慕。但我與一般讀者不一樣的是，我也跑馬，因而我對他的跑馬成績尤其尊敬。只花三個半小時耶！我認識的許多跑馬高手也跑不出這樣的成績，何況他還是個世界級小說家！

月跑量驚人，意味跑馬成功的穩定度。穩定度，則代表跑馬成績是可以預期的。一旦跑馬成績可以預期，只要天時（氣候涼爽）地利（賽道平坦）人和（狀況極佳）皆備，創造佳績乃至破ＰＢ的常態就會不時出現。

跑全馬，沒有奇蹟只有累積，放在月跑量上來理解，答案一清二楚。

自律、規律、定律，背後需要積累的誠意

月跑量本身是數字，冷冰冰的數字。多一些，少一些，純粹數字加減。但對跑馬的人來說，月跑量可有感情和感覺了。晚睡晚起，夜裡忙或半夜遊蕩跑娛樂攤，一天裡總有理由不去跑步。若常常如此，就難以達到既定的月跑量。於是，月跑量裡每個數字都有機會成本，有些是為了跑步而不去做，有些是本來該做的卻為了跑步放棄。為了跑馬，做或不做都無所謂時，那就該恭

喜。因為，斷然決定跑馬比那些可有可無的事重要多了。

我確實能體會月跑量的意義。

有時我會在連著跑了兩週的馬拉松賽事，又或是每天接續不斷的練跑後，在某個醒來的清晨，望著窗外濛濛的光影，整個人突然很想停下休息。有時就也真的休息了，但那一整天我會不斷懊惱：怎麼可以這樣？怎麼可以！

如果在「想休息的感覺」一下，我仍然能在嘆口氣後，起床，喝水，尿尿，穿衣，套鞋，出門跑了。跑著跑著，我會開心的感謝自己：「哇！我出門了耶，真厲害，老傢伙！我竟然出門跑步啦！」而且非常有趣的是，跑著，跑著，那些不想出門的理由，一個個隨風消失了：冷嗎？還好。熱嗎？可忍受。睏嗎？不會了。累嗎？精神來了！然後，我知道跑步軟體上，又幫自己累積了幾公里的數字。

月跑量愈多，確實描繪了出門跑步的誠意。

馬拉松世界裡，絕對有材不世出的高手，有天生練武的奇才，可是，月跑量制約了天才的極限，墊高一般跑者的能量。換句話講，天才若不勤練，煙花很快便一閃而逝；一般跑者如果肯練，天花板就可以逐步試探其高度。

當天才練到一個高度後，會碰到天花板，但他不練，連天花板都碰不到。一般跑者藉著月跑量，會試著接近自己的極限，那感覺非常美好。

要維持定額的月跑量，跑者必須自律、規律、定律。

自律到某種超度，像清教徒。

規律到某種程度，不近人情。

定律到某種程度，滿無趣的。

還好，絕大多數跑馬人都是業餘跑馬者，並無必要為了跑馬搞得家人厭惡、親朋懼之，自己也變得孤芳自賞。

跑馬是認識自己的新跑道，而非與人疏離的消波塊。

妻子早習慣我為跑馬拉松養成的一些自律。

早睡，晚上不愛應酬。（愛回家的老公，好啊！）

早起，要出門晨跑。（好啊，回家順便帶早餐！）

運動，看起來年輕。（有面子，老公看來不老！）

老公跑馬，總比老公泡妞好。（跑馬是一個人的武林，泡妞會血染動盪的江湖！）

7

和自己當麻吉，日子才好過

一輩子，懂得「與自己為友」，
是多麼不容易的寬容與放下啊！

若沒跑馬，我不會週休二日那麼忙碌。

若沒跑馬，我不會常上網看馬拉松知識。

若沒跑馬，我不會去那麼多我未必會去的地方。

若沒跑馬，我不會認識許多有趣的馬拉松人。

若沒跑馬，我不會知道自己的能耐。

若沒跑馬，我不會明白四十二公里轉折起伏的賽道上，有多少曲折波盪的心情。

若沒跑馬，我不會「與自己為友」。

「與自己為友」這一句，總括了前面所有的心得。

那麼，又如何與自己「不為友」呢？

難道人會「把自己當敵人」嗎？

也許不至於到敵人的地步，但很多人不管是有意或無意，都把自己當成「客體」來看待。把「自己當客體」，好像很哲學，但實際上很好懂。

從小為何要功課好？家長期待，自己跟著期待。

為何選擇所唸科系？因為主流價值認為這樣才優秀，自己這樣未來才有好的人生。

為何自覺不是個咖？不就是因為多數的評價體系都不把自己做的事、自己這個人當成咖嗎？

但，我們又是怎麼「看自己」？

我們曾看過自己嗎？

不是從鏡子裡，看一臉熟悉的自己；更不是從旁人眼裡，看「他們以為的自己」。而是，真正的「從自己看自己」。

不做別人眼裡的自己，而是去做「自己想要的自己」

很玄嗎？其實不會。

如果開始跑馬，就會逐漸知道什麼叫「從自己看自己」。

跑馬，尤其是跑長達四十二公里的全馬，並不是一件說走就走、說好就好的輕鬆事。

一般馬拉松人，多半要花上四、五或六個小時以上，在蜿蜒曲折、起伏不定的賽道上，持續奔跑。

半馬跑得不錯的人，初試跑全馬往往會有挫折，這是因為全馬的概念不是半馬加半馬，而是，全馬就是一整個完整的有機連續。

雖然為了讓跑全馬的痛苦感，不要那麼純粹，我往往會先以半馬為目標，過了半馬後，再鼓勵自己「不要怕啊，剩下半馬了」。

可是，跑久了，我的全馬與半馬的關係，會變成前半馬是加法，後半馬是減法。

起跑後，一公里、兩公里、五公里、十公里、十五公里、十九公里、二十公里，就這樣一直跑，持續加。加到二十一公里處或是折返點（有去有回的意思）。但有的全馬未必設折返點，而只是全馬四十二公里中的一個點而已。此時，跑過二十一這個數字牌，不會有像折返點那樣明確的過半感。

我在跑過很多場馬拉松後才注意到，同樣二十一公里的距離，折返點的二十一，與繼續向前的二十一，會帶給跑者很不一樣的內心激盪。更不要說，如果考量到補給站等因素時，感覺更不一樣了。

設二十一公里折返點的馬拉松，折返時等於要重複經過剛剛跑過的路線，那意味著路線熟悉了、補給站也吃喝過了，不曾驚豔的，那也不會再讓人驚豔了。然而，過了二十一公里這個點後仍繼續向前的馬拉松，則非常有可能會在後半段的風景與補給上，讓跑者驚豔不已！

全馬跑者，理當享受不一樣的待遇啊！

我想，這樣的主辦單位，是很用心良苦的。

不管怎樣，過了半馬以後，我通常不會再用加法。

前半馬，用加法累積，跑者會很振奮，哇，我一公里、一公里的逐步「克服自己」呢！克服自己的體能，克服自己今天的狀態。

但過了二十一公里之後，再用加法，只覺得沉重。

不意外的，畢竟我已經跑了半馬的二十一公里。體力在消耗，意志力在動搖，很快的，跑馬人都知道，再過幾公里或十來公里，我們就要「撞牆」了。

撞牆，很貼切的描述。腳步沉重、體力下滑，腦袋內心戲開始上演，恨不得現在躺下來喝啤酒，夏天沖冷水、冬天泡溫泉。撞牆了、倦怠了，渴望大吃大喝一頓！

這時，最好開始以減法麻醉自己！

一公里、一公里的遞減倒數。「哇，不是二十五公里，是剩下十七公里」、「喔，不是三十公里啊，是剩下十二公里」、「啊，不是四十公里，是僅剩兩公里」的持續跑，數字持續減少，持續甩掉包袱、甩掉重量，就快完賽了！

前半馬用加法、後半馬以減法，這跟「與自己為友」有什麼關聯呢？

有，絕對有！

我們把「自己當客體」，就是把自己當成對象、當成工具，當成可以理性分析並加以改造的「他者」。

我們奮鬥一輩子，往往也就辛苦在這樣的價值觀底下，我們一直以加法累積自己，再以加法堆高自己，直到我們覺得疲累或倒下為止。

但跑馬的體悟、跑馬的哲學，確實讓我悟到「為什麼要做別人眼裡的自己」，而不做「自己心底真正要做的自己」呢？

喜歡跑馬拉松的人，會領悟出在「全力以赴」的自己與「輕鬆自在」的自己之間，其實有很寬闊的餘地去找尋生命的定位。

台灣多數的馬拉松，除非是都會裡的馬拉松，否則由於地形條件，跑沒多久便會進入海拔數百公尺的淺山路徑。在那樣的賽道上，尤其能感受到自己的腿、自己的身軀、自己的意志，在崎嶇曲折、起伏不定的路徑上，被環境左右、被天氣影響、被體能限制的種種考驗。

那時，不當自己的朋友都不行！

我們無法強迫自己做不想做的事，但能鼓勵自己做體能瀕臨負荷的事。跑馬不是什麼輕鬆的事，蜿蜒起伏的四十二公里可以讓人跑到喊救命。可一旦把跑馬當成好玩的事，四十二公里的路途中，我們可以當自己的朋友，一路與自己對話。

一如生命的後半段，總要以減法，放下前半生的無奈。

8

「決定開跑」是最自由的選擇

「起跑」的行動選擇，
能掙脫被責任和期望所束縛的日常。

• • •

跑馬，是修煉。
跑久了，我愈發這樣認為。
跑馬，不折不扣是修煉。

馬場的「快咖」必定十分自律，按表操課，有為有守，配速本身彰顯自我了解與奮進，配得出速率，也要跑得出速度。

馬場的「慢咖」看似不在乎成績，但仍須於限時內完賽，嘻嘻哈哈之間，像修禪，把完賽當每週必修課，日日是好日，週週有功課。

我自己跑馬，亦觀察跑馬。

馬拉松人為何風雨無阻、拋家別親的趕往各地跑馬呢？我給的答案是，這可能是許多人對自己、對人生，所做過最棒的一種或唯一的一種，「給自己自由」的選擇了。

工作，未必是自由的選擇。

迄今為止人生的發展，也未必是最自由的選擇。或許擁有金錢，生活小康；又或許錢不留身，當月光族，但這都未必是自己想要的、決定的，甚至是所能擺脫的。

我們做什麼都有期待，不做什麼都有壓力，更可怕的是，我們活在人際互動的網絡裡，在親情、同事、長官、人情等關係的種種網絡裡，想做什麼與不做什麼，有時都不是自由的選擇。有時我們以為選擇是自由的，但一旦想改弦易轍，便知道自己其實並·不·自·由！

甚至是最親密的愛情、婚姻與家庭，在開心、認真的選擇之後，隨之而來的無非是一個接一個的義務與責任。我們可能心甘情願且義無反顧，但偶爾也會仰頭吐氣：「啊，有點疲憊啊，這人生。」

是啊，我們一路走來，面臨太多路口的選擇。在選擇之後，便反覆日夜，逐漸失去原先的悸動，變得日常而循環了。

大哲學家卡繆（Albert Camus）寫出《薛西弗斯的神話》（*Le Mythe de Sisyphe*），新解希臘神話薛西弗斯這位神祇，拚命把石頭從山下往山上推，眼見差不多快到山頂，可以卸下擔子鬆口氣時，孰料，老鷹飛下來啄他，手一鬆，石頭滾下山，他又得重新來過一遍，日日夜夜，沒完沒了。

卡繆這位二十世紀過世的老爺爺，想說什麼？

他要說的是，這不就是人生嗎？無謂的人生，重複的人生，乏味的人生。但既然他是存在主義大師，怎可能這麼容易與你我一樣，輕易的喟嘆人生虛無、人生單調，然後繼續過日子？

他在思索，在找尋「存在」的意義。

人生本該如此嗎？

站在十字路口，等綠燈，走路靠右，交通警察吹響哨音，快快催油門，我們啟動，在人生的路上。我們就該如此認分自己的人生嗎？

每月交房貸房租水電瓦斯費，固定在上班途中某家便利店買咖啡。低著頭，在捷運公車上滑手機，偶爾望向窗外，車陣如河、摩托車似魚群。我們在時光的長河裡，一直飄蕩一直打轉。我們有自己的心事，但沒人在聽；我們有自己的故事，但只能在感動自己的電影裡流淚。

我們也許滿意現狀，也許不安於現況，但都沒什麼改變的動力。也許太累，或者太老，自覺體力衰退、時不我予。

我們在既定的方向上，轉動方向盤，左轉右轉直行煞車靠邊找車位，一切都那麼平順，一切也都那麼按照秩序。快樂或不快樂都在一條路上，我們的口頭禪不知不覺間，變成了「啊，沒差啦」！

我們什麼時候變得對生活、對自己，只淡淡用一句「啊，沒差啦」即隨意打發了呢？我們的生活，若可以有一點點不一樣的變化，會怎樣呢？

如果，我們試著去做一些變化，生命的態度抑或將隨之有新的方向。但然後呢？或許我們都已試過，不過生命有一種怠惰拉力，往往試了幾次，未見差異，就撒手算了。

算了，便算了。於是又回到周而復始的軌道上。

因為是自我的選擇，所以能自得其樂

有一次，跑馬前一晚下了雨，且氣象預告了不止當晚，隔天繼續降雨的機率很高，超過百分之五十。

太座問：「明早還要出去跑嗎？」

「嗯，苗栗可能好一些吧！氣象說往南的降雨機率遞減。」我回答太座，順手整理跑馬的衣物保管袋。

「要這麼拚嗎？」

太座的口氣，飄來一絲絲跑不快幹嘛這麼拚的意思，但立即補上一句：「天雨路滑，來回那麼遠，你自己小心。」

「嗯，我會小心啦，老婆放心。」

太座沒再多說什麼。說了恐怕她亦明白，我還是會出門的。

「我還是會出門的」這是關鍵句。

婚姻是人生大修煉。

十年修得同船渡，百年修得共枕眠。一夜情容易，要數十年睡一張床，聆聽對方打呼，習慣對方睡姿，談何容易？夫妻久了，多少會摸索出對方的脾氣。太座若真不希望我做什麼，我大概也不會硬著對幹。同樣，我若興致高昂要做某件事，多半太座也不會刻意掃興。

夫妻，夫妻，絕不互欺。

隔天大清早，我摸黑出門，在便利店買了咖啡麵包，夜班店員看看我：「又去馬拉松喔，在哪？」「嗯，在苗栗」我付了錢。轉身時，他在我身後祝福：「加油啊！」我揚揚手，說謝謝：「有空也來跑馬啊！」走出店門前，我聽到親切的聲音：「有啊，去年台北馬我跑半馬！」

我笑著，上車，啟動引擎。

在暗夜未明的大清早，驅車往南移動。

是啊，我們都在這世間存活著。

努力生活，努力奮進。

如不如意呢？也許未盡如意。

不值得活了嗎？也沒到那程度。

在處處是壓力，處處必須做選擇的生活裡，我找到了馬拉松。

沒人逼我一定要跑，但我跑著、跑著，自得其樂了！

馬場上，來自四方的每個人都有自己的故事，隨四十二公里迤邐散開，各自在賽道上找尋自己的歸屬，有人在乎成績，有人在乎完賽，有人在乎紀錄，有人在乎出門像郊遊。

薛西弗斯的神話，這隱喻太棒了。

我們在自己的世界裡都是扛責任的巨人，各自推著石頭上山，扛著人生必須如此活著的擔子，日日夜夜。但我們從跑馬中，領悟到超越重複、超越日常、超越自己的意義。

我想起那位便利店員昂揚的回答：「有喔，我去年跑了台北馬半馬！」

我們都是馬拉松世界裡「最自由」的跑者。

9 虛假不符的榮冠，何必強戴

跑不贏別人，
但至少能「跑出自己」。

跑完田中馬，完成我的第十一個全馬後，休息兩天，又稍稍做點運動，準備隔週去活水湖二二六鐵人三項接力。

怎知，突然傳出田中馬發生「代跑」還上凸台領獎的事件！

我是完全無法理解「代跑」的心理狀態。

身為一個後段班的馬拉松跑者，從來沒想過自己可以上凸台、去領獎。

因為，真要那麼做，我就必須把跑馬當成專業來看待，從平日的訓練，到參賽的積極，但那實在不是我這個人，這個「當蔡詩萍很久」的人的性格。

我也許可以在其他事務上，拚一些前茅；但跑馬，我就是把它當成自我鍛鍊，當成對自己中年以後的人生，一種持之以恆的自我期許。

因而，我會認真跑，每一次都盡量不放棄。即便，在跑之前，可能由於狀況不佳、天候不佳，而考慮棄賽。即便，在跑的過程中，由於體力不支或路況比預期的更為吃力，而跑得齜牙裂嘴。

但我從未想到「作弊」這檔事！

跑步，不就是跑步嗎？不就是用自己的肉身，去見證自己的意志力，去堅持自以為的某種存在意義嗎？

如果可以作弊，作了弊又有什麼意思呢？

有人代跑，因而得了名次、上了凸台，但那又怎樣呢？那塊獎牌甚至那份獎品，會因為這樣而榮光自己身為跑者的意義嗎？

人生有太多的競爭，牽扯到利益多寡、權力高低、名位有無，使得我們或許要無所不用其極的，去嘗試「取巧」、「舞弊」或「作弊」。但正因為如此，我們難道不該在跑馬這件事情上，更珍惜它的單純性與初衷性嗎？

背離初衷，獲得的絕不是掌聲

多數跑馬的人，都不是專業跑者。

我們知道，在槍響的那一瞬間，自己就注定跑不贏肯亞的高手、台灣的國腳，甚至跑不贏能在三小時左右完賽的一些pro（專業）級業餘好手！

但我們為何要跑？

我們之所以要跑，是熱愛跑步帶給我們的意義。

我們能靠著自己的肉身，在漫長路上跑出超越自己年齡的活力，跑出超越日常平凡的自我，跑出我們「迎向一個可能更好的自己」！

每一次跑全馬，我都知道自己不可能是世界上跑最快的人，但我應該就此放棄嗎？我應該去找個跑得飛快的「代跑」讓我上台領獎、接受掌聲嗎？

我如果這樣想，就完全背離了我「跑步的初衷」。

我的跑步初衷是「再慢，也是我的跑步人生」。

我不能跑贏別人，但我至少要「跑出自己」，不是嗎？

一旦作弊，一切都是枉然。

一旦作弊，我們連自己都不是了。

10

無能為力？跑起來去找平靜

跑馬的都是憨人，
才能接受人生中的不完美與不完整。

講實話，跑四十二公里的馬拉松滿痛苦的。

跑快的人，要承受身體在兩、三個小時內，專注而劇烈的奔放，那絕不快樂。而跑慢的人，亦須承受五、六個鐘頭，在賽道上的漫漫煎熬，過程中若說是快樂，那簡直是自虐！

然而無論快慢，馬拉松賽事最感人的想像是：大清早，人們從四處逐漸匯聚。前一晚到達的，可能是訂了房間，或者乾脆在車上將就一下；當天摸黑出門的，開了一、兩個小時甚至更長時間的車程趕來。

跑者為的是什麼？

求名？可能，但馬場上的名，在馬拉松圈子外又有什麼用！

求利？除了站上凸台的菁英高手偶獲獎金外，其他跑馬人還要倒貼車錢、住宿、各種餐旅支出，賠本哪！

於是，跑馬拉松絕對是：

「自虐。」

「找罪受。」

這不是開玩笑。看在對馬拉松沒興趣者眼裡，跑者無疑是自虐，是找罪受。但外邊世界不易理解的是，馬拉松人的自虐、找罪受，卻是開心出門、滿足回家。這層心理意識實在值得分析探究，不是嗎？

不能僅僅笑他們「一堆憨人」、「一堆怪人」就算了。

我們不能否認，馬拉松長達四十二公里，非常態也！

若不是希臘時期，城邦國家雅典那位盡忠職守的大兵，跑盡最後一絲氣力，把前線捷報傳回城內，後人不會把他竭盡全力跑過的距離當成馬拉松來膜拜。四十二·一九五公里，成為馬拉松人心目中史詩般的數字，當跑過十公里、跑了二十一公里，怎能不試試全馬四十二公里！不試，馬拉松生涯便不完整。

不完整，是我們人生的常態。

大文豪蘇東坡的「人有悲歡離合，月有陰晴圓缺，此事古難全」，之所以傳頌千古，不也是他道出人生的常態與必然嗎？既然「不完整性」是生命的常態，那又何必在乎跑馬沒有跑過全馬四十二公里呢？

好像滿有道理的，是不是？

讓我來告訴你，這裡有什麼不一樣吧。

「人生的不完整性」提醒我們，面對很多事情，我們「沒有辦法」。

新郎新娘不是自己，沒辦法。

升官發財沒有自己，沒辦法。
親人老去朋友逝去，沒辦法。
青春不再徒呼負負，沒辦法。
人生的不完整性是事實，因此智者才告訴我們，要活在當下，要知足惜福，要充滿感恩。
人生之所以不完整，在於我們的價值常常是在人際互動裡獲得肯定，既然操之於人，當然有得有失，有得有失便也容易患得患失。
有得有失是常態，但患得患失就病態了。
要看開人生的不完整性，談何容易啊！

輸在起跑線也無妨，畢竟終點還遠的很

但馬拉松世界裡的不完整性，則相對容易克服。

只要「不在乎天長地久，只在乎曾經擁有」，那就容易多了（奇怪，我怎麼扯到這裡，而且場合不太對）。應該是說，只要不在乎成績，不在乎與人爭先恐後的勝負，那擁有馬拉松賽道上的完整性，便相對容易。

而且，愈跑愈會發現，馬拉松賽道上的完整性，其實也會逐漸修正、調整人生路上的不完整性。

聽起來很玄，實際上一點也不玄，這是有心理學依據的。

我們一直要跟人比、要跟人競爭，才產生人生的不完整性。在過去農業社會裡，我們可以雞犬相聞，老死不相往來，採菊東籬、遙望南山。可是社會工商業化以後，有幾人能夠獨善其身呢？

功課要比！

學校要比！

工作要比！

薪水要比！

住宅要比！
車子要比！
服裝要比！
比完自己這一代，還要比下一代！不只自己不能輸在跑道上，還得掛心下一代不要輸在起跑點上！

這樣累不累？很累，但能放下嗎？
他能放下嗎？
你能放下嗎？
我能放下嗎？
太少人能放下了！這是我們身為人難能可貴的人性，既然扮演角色，就得把角色扮演好。愈有責任感，我們愈放不下；放不下，是我們辛苦的原因，但也由於放不下，我們遂很辛苦。

我放不下心中的責任，但辛苦的人生卻不能不找一個出口，於是，我出門跑馬了（同樣也可以出門做任何運動）。

跑馬本身（運動也是）是辛苦的。可是，這種辛苦會激發我們身心的能量。用醫學的觀點來看，運動能增強體內的多巴胺與血清素濃度，讓我們遠離憂鬱、遠離失眠。

為了日常的責任，還有不忍拋卻的感情（親情、友情、愛情），我們的人生得要健康勇敢的走下去，那該怎麼辦？

要對自己好一些。

吃喝玩樂都不錯，但過了頭，都有健康後遺症。故我選擇出門跑馬（或出門運動），看似選擇了辛苦，看似苛刻了自己，但我愈跑愈覺得，自己選擇了健康而快樂的一條路徑。

焦慮減緩了。

身形消瘦了。

健康檢查的紅字下降了。

體力耐力強化了。

思慮明澈了。

朋友變多了。

我還是我，但我不再是跑步前的我了！

經由跑步、跑馬，一次又一次的出門，汗如雨下、氣喘如牛，接著，慢慢適應頻率，找出自己的節奏，與跑者相見如老友，與每一場自己未曾去過的跑馬地點欣然初戀，我已經不再是未跑馬前的我了！

看似沒什麼改變，但看待自己人生的「不完整性」時，卻有了化學性的變化。

不完整，就不完整吧！

盡了心，盡了力，不怨天，也不尤人了！

世界沒變，是我的身心變了。當風動，旗幟也飄動時，我們的心很難不跟著攪動。但持續的跑馬（持續的運動）宛如信仰，改變了身心，我們對自己有了更大、更多的認識與信心。我可以做到，風動旗飄而心不動搖！

人生那麼不完整，何不讓自己跟著不完整呢？

跑過十公里，跑了二十一公里，然後，我進化了，可以挑戰四十二公里（也就是全馬）。我在全馬裡，跑出全方面的視野，跑出全方位的寬容，寬慰了自己與世界的不完整性。

我跑，我活，我快樂。

11

超越極限，疲憊但不狼狽

即使跌了跤、撞了背，
堅持撐過好像就不痛。

二〇一八年出發去田中馬之前的兩天，在社群平台上預告了自己狀況不好，恐怕要靠意志力撐完這場全馬。

但沒法預料的是，當天晚上還在家裡摔了一跤，後腦勺紅腫、背部挫傷，老婆擔心了一晚上。

賽前一天，我還先出發去高雄參加前輩藝術家林惺嶽的畫展開幕，頭有點昏，不知是沒睡好，還是前一晚的跌跤。老婆還是擔心，再三強調若身體不適，就別跑了。我怕她憂心，答應她絕不勉強。

當天清晨四點多，天色仍暗，我整理好裝備跟朋友從台中出發到田中。六點二十分起跑。氣溫攝氏二十三度、濕度百分百，完全不是適合馬拉松的天氣，很悶、很濕，而且陽光出來後，溫度上探攝氏三十度以上。

我光是前十公里就耗費七十二分鐘，狀況勉強。從十公里到二十公里逐漸吃力，用去近八十分鐘。而接下來的十公里只能以「悽慘兮兮」來形容。隨著如氣象預報的太陽耀眼，氣溫迅速增至攝氏二十九、三十度左右。九點多以後，跑在田中一片綠油油的田間小路上，風景美則美矣，日頭卻是毫不留情的曬、曬、曬、曬！

從二十公里到三十公里的十公里間，我跑跑走走九十多分鐘。有三度腳趾頭幾乎抽筋，每次一感覺腳趾僵硬，便改以快步行走，順便輕輕拉筋。這十公里，我完全靠意志力在撐，一直跟自己講：「你他媽的都來了，還撐到半馬過了，這時候放棄太虧了！你不是說你是花甲美魔男嗎？你就拚給我看啊！」

就這樣天人交戰，一直跑一直罵，一直罵一直跑。路上被人認出邀請合照，只得咧嘴歡顏「笑一個」，嗯，很勵志的花甲男。但他們不知道，我心掙扎啊！

不過，老天保祐，撐過三十公里之後，跑步狀態突然回歸。雖然跑得仍慢，但竟然一路搖搖晃晃，都沒卻步！腿很痛，然而腦袋清醒：「要跑完、要跑完、要跑完，跑完就是人生的第三個全馬啦。」

這也是我跑馬以來（包括所有半馬、全馬），喝水最多、淋水最多的一次，足見天氣有多悶熱。

後來，很多人問我：「有看到烤乳豬嗎？」我以為他們開玩笑，白了他們一眼：「我就是太陽下的一隻老乳豬啊。」

但後來才知道，真的有烤乳豬！

可惜，我是個「滿嚴肅而認真的花甲男」，一心一意想著跑完全馬，除了水、運動飲料，我僅挑西瓜跟橘子，沾了鹽，就往嘴裡塞。其他食物，一概謝絕，沒什麼原因，只是口乾舌燥吃不下啊！

啊！但我有喝兩小杯啤酒，若沒記錯，應該是最後五、六公里的補給攤位上，給要衝刺終點的跑友的一點鼓舞。

好，回來談我的田中馬最後五公里。

那五公里是靠著從意志力裡擠出最後一把的意志力才完成的。不只腳痛，背部的挫傷還因大量流汗，汗流「浹」背使得傷口摩擦的更痛。我查看時間已過十二點，要拚進五小時完賽是不可能了，但關門前應當跑得完，現在只看能不能盡人事，讓成績不要太難看。

看看，人是不是很難搞！兩小時前我還在想跑完就好，現在慢慢感受到接近終點前的人聲鼎沸，熱血音樂催迫腎上腺素，我竟然還想稍稍順一下髮絲、整理一下儀容，把狼狽不堪的神情恢復到花甲美魔男的水準！

這，可真是太可恥了。

但這最後五公里我還真沒停下來。一路跑，還一路跟我慢慢追過的跑友打氣加油，對他們說：「就要到啦，就要到啦。」

我跑過很多次半馬了，全馬也非第一次跑進終點。然而，這一次當我遙遙望見遠方盡頭的終點拱門時，差點流下淚來：「哇靠，真是艱苦的一次馬拉松啊！」當年那位從戰場前線一路穿山越嶺，跑回雅典通報戰果的勇士，精疲力竭之際，看到故國的城樓時，八成就是這樣的感動吧！

雖說，我心所想望的是，要好好喝一大罐啤酒，好好沖個澡，好好打個電話跟老婆女兒說我跑完了，而且還活得好好的，只是很累而已！

面對不可能永遠滿分的人生狀態，得學會調整應付

這場全馬我跑得真的不太好。這是我人生的第三個全馬，比第一個日本宮

崎馬快，但較年初金門馬慢很多，可畢竟是我的第三馬，實現我當年花甲美魔男的心願：年頭一個全馬，年尾一個全馬，完美封關。

我拿回成績證書，看了看，六小時三分六秒六。是全部人數四千四百二十四人裡的第三千兩百一十九名，後段班無誤（但我跑贏一千兩百多人，而且很多人比我還年輕哩），是男性跑者三千六百四十九人裡的第兩千七百二十八名，仍是後段班，但也有九百多人在我之後。

不是很好的成績，但相較於開跑前預期的狀況不佳，我只能說「雖不滿意但能接受」。畢竟這就是我的成績啊，我自己完賽的成績。

我始終記得一位大聯盟投手說過的話：「你不可能每次狀況都很好，但一位成熟的大聯盟投手，要在自己狀況不佳時，用智慧去投球，直球不行就用變化球，拿手球投不出來就改用其他球種試，總之你在場上，你就要控制局面，調整自己，除非你被換下場！」

是啊，人生的狀況怎麼可能日日好、時時棒，但該自己上場時，就只能全力以赴。

若問我對跑馬拉松有什麼心得嗎？我會嗯一聲，告訴你：「真的要練，練習夠了，才明白『力能從心』的道理。」

跑步時，自己最能知道自己的狀況是好是壞。好的時候，盡量持續；壞的時候，緩步調整。跑步的人最明白，場邊加油的人再多再賣力，也無法取代跑道上的自我完成。唯有眼睛盯著前方，一心一意跑向終點的自己，才得以知道淚水與感動糾結在臉上的複雜感受。

跑全馬的人，最懂人生的奧妙、自我的意義。

感謝這場全馬，讓我這花甲美魔男對自己再一次的認識，原來我依舊「可以」，我堅持，我便熬過。

12

跑步和寫作一樣，難在「開動」

解開所有難題的祕方，
是行動的開始。

跑步，大概是我看過最激勵自己的運動了。

我是指，那種自己親身經歷、參與，而非只是旁觀者的運動。

若指純粹旁觀者，那馬拉松未必適合，因為時間太長，不如其他運動項目快速有感受。

跑步適合孤僻，也適合熱鬧。

一個人跑，孤芳自賞。一雙鞋或一雙夾腳拖，一條短褲加一件跑衫，或者再戴一頂帽子，便可以出門，口袋裡放些零錢，手機裡有支付軟體，OK啦，可以無須掛慮的出門跑步。亦可融入團跑，熱熱鬧鬧的有所歸屬感，生活自有其歡樂處，跑步讓人過得更為豐富。

一個人跑，跑給自己爽，快慢都是屬於個人的成就感。

團跑團練，大夥嘻嘻哈哈，暗中較勁，實際和諧，成績多少是會進步的。

但我總感覺，跑步最有意義的啟發是：「只要肯出門，就激勵自己了。」一旦克服耍廢心態，漸漸的累積馬數，也就不知不覺的改變了自己，不知不覺的激勵了自己。

這也就是為何我要說，跑步是我看過最激勵自己的運動了。

何況，跑步又何其親民且便民。

不用一雙數千上萬的跑鞋，去 outlet 半價隨便就有兩雙了。甚至一雙夾腳拖，隨意短褲，五分埔短衫，便可以出門跑。

附近的校園操場是跑場；鄰近運動中心裡的跑步機亦是跑場，不怕風吹日曬雨淋；甚至是社區中的簡易健身設施，也可以是跑步的專屬舞台。

喜歡跑戶外的可以跟我一樣，除非天氣太差，否則，套上跑褲跑衫，穿上跑鞋，便能出門。沿著住家附近的社區環繞，跑著跑著，認識了周邊的淺山、小溪、河堤便道、巷弄、山徑，乃至周邊早起或晚上出來運動散步的鄰居們。跑步激勵的不只是體能，還是心態上閉鎖、孤僻心靈的解放。

我始終以為，人願意往外看往外走，這些意願與動作本身，無疑便是在激勵自己。

人類若不激勵自己，文明不能開啟。

人類不激勵自己，世間哪來傳奇！

激勵自己，不是一件容易的事，然則，也沒有那麼的不容易。

關鍵是「必須行動」。

離開自戀的沙發，離開自溺的手機，離開慵懶的軟床，離開令自己困擾的難題，是行動的開始。

穿上跑衫與跑褲，套上跑鞋，戴上帽子，對著鏡子調整心情，是行動的開始。

打開門，深呼吸，走出門，抖動身軀，是行動的開始。

清晨可能寒風颯颯，可能風和日麗；黃昏可能豔陽餘威，可能涼風習習；夜裡可能舒適宜人，可能冷冽刺骨，但一旦打開門，走出門，闔上門，便把自己鎖在門外，外頭是一個開始，一旦開始，便是傳奇。

在有耐力之前，需要的是行動力

我們激勵了自己，行動了。

鎖在屋內的只有傳統；鎖在門外，開始起步，才有傳奇。

每個新的開始，都不是容易的。

每個新習慣的建立，都不是想當然爾的。

肉咖的雙腿，很菜的身軀，在跑道上不過一兩公里便氣喘吁吁，再一兩公里便兩腿發抖、喘不過氣。但若此時放棄了，激勵行動便就此打住。

想激勵自己嗎？

想奮進自己嗎？

那這開始的怯懦、猶豫、掙扎，就必須克服。

我們可以放慢腳步，調整一下呼吸的節奏，仰頭望望天，甩甩雙手雙腳，再扭扭頭頸，用幾百公尺的放鬆，準備再一兩公里的持續奔跑。

五、六公里。

七、八公里。

十公里。

持續數月後，並穩定維持十公里時，其實已不知不覺具有挑戰半馬的實力了。接著，半馬跑完的開心與得意，不知不覺會進化成「為何不試試全馬的蠢蠢欲動」。

那真是很蠢的勇敢，但可愛。此時我們可能會很驚訝：「怎麼回事？明明大半年前我還是個肉腳啊！」

是的，一旦我們行動了，我們便不知不覺的改變了自己。

不行動，永遠就不會知道，半年後、一年後可以是怎樣的自己。

從不跑步，到可以完成十公里，我發現我不一樣了。

從十公里，到完成半馬，我發現我更不一樣了。

在半馬以後，每次轉折點上，我望著一群群奔向全馬的跑者，逐漸有點心動：「我可以嗎？全馬可以開啟我另外一塊還沒有試探過的身軀與靈魂嗎？」

疑問是動力，疑惑是詩意，啟動是史詩了。

但全馬需要新的行動綱領。

我需要更多的鍛鍊，更強的意志，對自我探索有更強的好奇心。

沒錯，就是這種對自我探索更強的好奇心，最能激發出跑步與跑馬的新領域。

我是愛讀書、愛寫作的人，無論閱讀或寫作，都需要持續的耐力，才足以久讀、久坐，長思考。跑步和我一貫的閱讀與寫作並不違和。甚至，跑多跑久了，許多寫作的靈感，亦從跑步的流光中傾瀉而出。

閱讀、寫作、跑步，巧妙的在我成為一個馬拉松人之後，彼此交錯融會，譜出「我之所以為我」的新奏鳴曲，前後呼應相互輝映，我感覺自己更快樂了，雖然我還是一個擅長內心小劇場的人。

13

進化不是天擇，需要一點人為

跑馬拉松的人，
都在撰寫一部全新的物種起源演化史。

• • •

翻出一本舊日札記，是三十五、六歲時隨手記下的日常瑣事。

有趣的是，我竟然記下當時早上出去晨跑的距離。

例如：某月某日跑了十圈、某月某日跑了十二圈、某月某日跑了十三圈等這類紀錄。

那時，我住在敦化北路的台北田徑場附近，早晨沒事就會去繞著田徑場跑步。

十圈是湊整數四千公尺，十三圈是維持五千公尺當兵時的要求。那時我還算年輕，怎麼吃喝，都能維持六塊肌隱隱浮現的體態，尤其還經常把跑步當日常習慣。

人生若是一條河，我那時大概還在河的上游階段吧，激盪水花，穿越山澗，終日嘩啦啦的不嫌累不嫌吵，來日那般方長，人生急什麼呢？

然後，時光就悄悄、悄悄的，在縫隙間，偷走我的濃密長髮，蠶食我六塊肌的連結，豪取整張臉上的膠原蛋白。

我只是幸運的，在青春即將要敲門對我說「抱歉啊我們該離開你了，該讓你知道歲月的意義」時，我遇見妻子，結了婚，擁有美麗的女兒。於是，不再青春，不再瀟灑，似乎於我，也沒有那麼如單身般的計較了。

但我一直維持跑步的習慣。

只是，沒有像後來決心追逐百馬時，那樣的執著。

跑步讓我知覺風拂過臉龐的削蝕。那是時間的刀刻。
跑步讓我仰頭觸碰陽光的灑落。那是紫外線無情的敲擊。
跑步讓我在喘息間彷彿感覺自己不再年輕的肉體。那是體重加地心引力，結合心肺耐力交錯的捶打。

我一直維持跑步的習慣，在日落月升、春去秋來的遞換裡。

跑步不可能讓人青春永駐。

（但又有什麼能永駐於時光浩瀚的激流裡呢？）

跑步不可能讓我留住茂密髮絲，留住青春歲月，留住光滑如鏡的容顏。

（但不跑步又能留住它們嗎？）

我在一張女兒才幾歲大的照片裡，看到她羞赧的，在我跑完國道馬二十一公里後，捧著一束花迎向我。我想，她就是我人生最巔峰的獎牌了吧！

跑了那麼多年閒散的晨跑後，我加入馬拉松，但都以半馬為主，完賽的獎牌二、三十塊堆在那，然後，某一天突然問自己：「要不要試試全馬呢？」

接著，也就跌跌撞撞，有時成功有時失敗的，撞進全馬四十二公里的追逐裡。

疫情兩年多，馬拉松取消滿多賽事，但二〇一八年以來，我不知不覺竟也累積了十九馬！也在疫情中，體會世事多變的難測，而跑馬不就是小日子裡小小的確幸嗎？

我把一年的賽事列出一張表，盤算著如何累進百馬的速度。

多不容易啊，一年那麼多場賽事，就算週週馬，又能幾場？何況並不是週週有馬可跑，自己也並非週週能去。

百馬多不容易啊，一場四十二公里，百馬加總四千兩百公里，習慣、雙腳、意志、時間，以及家人的首肯，無一不會延宕百馬的進程。

而我倘若做到了，即便只是跑馬後段班，豈能不握拳吶喊：「歐買尬，我做到啦！」

獲得年輕的本錢不難，只需即刻改變現況的進化

跑馬的人，絕對是進化的人。

要跑出健康，就要控制體重，體重一經控制，各種毛病機率下降。

要跑出百馬，就要規律生活，規律出征。喜歡跑馬的配偶無需擔心對方會出軌，跑完四十二公里後，男的臭汗淋漓，女的花容失色，回家沖澡休息，誰還有心、有體力拈花惹草？

跑馬的人，必然是超進化的族群！

不信嗎？

我讀到一本名為《走路的科學》（*In Praise of Walking*）的書，上面寫著：「近來科學研究顯示，好幾千年來人類的腳從擅於抓取，演變成偏好長距離行走以及奔跑。」

（是不是，從直立走路，到穩健快跑，本身就是進化。）

「人類和黑猩猩的一個關鍵差異是，人類雙腳走路的步幅比黑猩猩要大，也比我們其他原始親戚都來得大。步幅較寬這個事實，顯示我們在步行時處理能量的能力以及我們在休息時保存能量的能力，都有所改變。」

（跑步的步幅必然比走路大，且頻率快，我們身心必然要更為靈活。）

「我們適應成直立走路，因為空出雙手，我們可以自由活動雙手，而成為傑出的食物採集者。我們的演化遺產讓我們在從事活動以及保存能量間達到完美平衡。」

（各位跑者有沒有感覺到，我們起跑後，手腳的韻律與協調，在在都那般完美。）

從走路，到跑步，我們是一而再、再而三的進化了自己的身心平衡與體態結構。

不要再躺在沙發上，以為自己多了不起了。

我們的了不起該是起身，離開沙發離開床，套上短褲、短衫，戴上帽子，將腳穿進跑鞋，把手機調整到跑步軟體模式，然後出發。

歲月如梭。

我們絕對比十年前、二十年前、三十年前，甚至四十年前年輕的自己老很多了，這是年輪無可逆轉的客觀事實。

但我們也可以比十年前、二十年前、三十年前與四十年前的自己，更能跑出半馬、全馬的成績，這就是「我們在進化」的心理與生理事實！

跑吧，不跑就無法知道我們比以前更具年輕的本錢！

一旦起跑，我們的雙腳自如、雙手搖擺，世界都在自己的企圖裡。

14

享受吧，喧囂中的孤獨

跑馬，是一個人的武林。

是的，馬拉松是一個人的武林。

即使參加跑團，團進團出，還是得一個人完賽，沒人能代替自己。

但跑馬過程中，確實可以有伴，可以聊天，可以陪跑，以至於不那麼枯燥，不那麼單調。

不過，話又說回來，枯燥或單調，都不是馬拉松人會講的語言。若真感覺枯燥單調，早就棄跑了，遑論堅持做個馬拉松人呢！

但我還是要說，跑馬本質上是一個人的世界，一個人的武林。多半情況與時間裡，是孤獨的，但是我們「享受」那份跑馬的孤獨。我甚至喜悅、甚至珍惜，賽道上那難得的孤獨感，暫時脫離塵世、脫離世俗，脫離賽道以外的自己，回到真誠面對「內在自我」的那份難得孤獨。

多年前，年輕的我拍過一支咖啡廣告。導演把拍攝地點拉到九份山上。要我從清晨到黃昏，在九份老街巷弄間穿梭，面帶一份從容與悠閒，但要隱隱露出不被人理解卻又不在乎的獨特自我感。

天啊，那年我才要三十歲，但面龐清癯，眼神尖銳，稜角分明，被挑來當導演眼中那個獨自行走老街、獨自啜飲咖啡，有點不屑塵世的角色，的確有幾分味道。

然而，我才三十歲，我真能理解什麼是孤獨嗎？我真能體會，在紛雜的人世裡，既要尋求生涯的發展，又要維持自我內在時，那一點點堅持的不易嗎？

年輕的我尤其不懂的是，既然那麼凸出人的孤獨，這產品能賣嗎？

這口氣，超像多年後，一部改編自漫畫的膾炙人口日本影集《深夜食堂》，當中那位食堂師傅在片頭的喃喃自語：「午夜十二點在小巷裡開始營業到天亮的食堂，真的有客人來嗎？」

答案是，還真有不少人午夜後光顧深夜食堂，還真有不少人喜歡當年我參與過的那一系列咖啡廣告的產品呢！

也許，並不意外吧！

世界愈喧囂，人更孤寂。步調愈快速，人更想念緩慢的溫柔。人聲愈雜沓，我們更想擁有一片，哪怕僅是一小片段，能與自己對話的餘地。

絕對不是所有跑馬拉松的人，內在心靈都那麼孤獨。

然而，一旦選擇了馬拉松，就要逐漸去熟悉馬拉松漫長歷程中，所帶來的孤獨感。

這幾乎是馬拉松從源頭起便注定的靈魂與DNA，那位從前線一路奔跑回雅典，要與同胞回報戰果的士兵斐迪皮德斯（Pheidippides），顯然既是情緒高昂（我們打贏啦），又感覺孤獨（我要一個人承受這漫長的煎熬），而同時又必須不斷喃喃自語為自己打氣（不然孤獨更會吞噬逐漸耗盡的體力）。

這是馬拉松亙古以來的內在靈魂，孤獨而勇敢，外在體力消耗，裡頭卻縱橫四海跳躍古今，不斷翻滾上映自己的內心小劇場。

人，應該是意識不斷流動，思緒不停飛躍的物種。

可惜，現代社會分工明確、業績掛帥角色分明，往往迫使我們在工作中被切割成一小片一小片，在時間應用上也被分裂成一小塊一小塊。也因此，不跑馬的人總是難以理解：「一個人怎可能可以有好幾個小時花在跑步上？」

但如果能試著跑幾趟，跑出一些迷戀的話，他就會明白花在跑步上的那幾小時，實在是日常生活裡最大的樂趣，最悠哉的時刻。鍛鍊了身軀，磨亮了精神，我們抽身於日常之煩，徜徉於昨天與明天之間的「當下」，跑馬出發前、過程中、結束後的每一段「當下」。

學會珍惜，超脫日常的每個當下

馬拉松人「跑在那當下」、「活在那當下」。

若說「活在當下」已講太多太爛，成為陳腔濫調，那恐怕唯有馬拉松人，最「enjoy 當下」、「最活在當下」，最適合代言「活在當下」的意義了。

如果他們不 enjoy，那為何吃飽飯沒事幹，花錢（報名費、交通費，有時還包括住宿費、餐費），花時間（往返賽場的時間，賽道上跑的時間），去找罪受（四十二公里無論快慢，對我們軀體與感官，都是痛苦考驗）。

Enjoy 痛苦，然後，將感到無比的快樂。

這種感官上的落差，也許與自虐的行動效果類似，不過，馬拉松的自虐純屬正面。馬拉松的自虐上癮，只會讓人健康、強大，別無其他上癮的傷害。

這種痛苦可以隨時終止，我就棄賽過好些次。坐在路邊，等載棄賽跑者的回收車來，看著跑者一個個跑過眼前，那感受其實更是無言之痛，往往會心生懊惱，幹嘛不再撐一會呢。

這很奇怪，對吧！

明明提前終結一場痛苦，應該感覺輕鬆，怎麼會在看著其他跑者繼續承受痛苦時，自己毫無僥倖心理，反而是懊惱，反而想重新跳回賽道上呢？

這是馬拉松「超級迷人」的神祕處。

我跑，我倍感艱辛，但我享受從艱苦轉換至通過終點線後的喜悅。身體承受重荷，心靈無比歡心，馬拉松式的洗滌，無疑具備嘉年華式的狂喜，具備身心飽受煎熬後，宛如虛脫，宛如證道的昇華。

但馬拉松的境界又跟參加一場嘉年華會，有著極為不同的「個人存在感」。

嘉年華是集體的盛宴，很難保持個人的距離，一旦感覺到個人的距離感，那便是疏離。我們去一場演唱會，去一場舞會，去一場慶典，往往會在其中某一段落，突然陷入彷彿抽離現場的疏離，可能是我們突然想到某些事某些人，也可能是對那段落不甚熟悉，但不管怎樣，一旦出現疏離，或許便對這嘉年華不那麼沉迷了。

馬拉松的嘉年華感受則不同。

我可以跑到恍神，我可以關注他人，我可以遙想許多人許多事以淡忘痛苦，但我無法疏離，因為我就在跑道上，

我不能「脫離當下」，但我「抽離日常」。

對，這是馬拉松比嘉年華更美好的精神，也是馬拉松最神祕的內在特質：「抽離了日常，但不會脫離當下。」

我享受當下，我完成了當下。

輯二

足夠業餘，才懂享受後段班

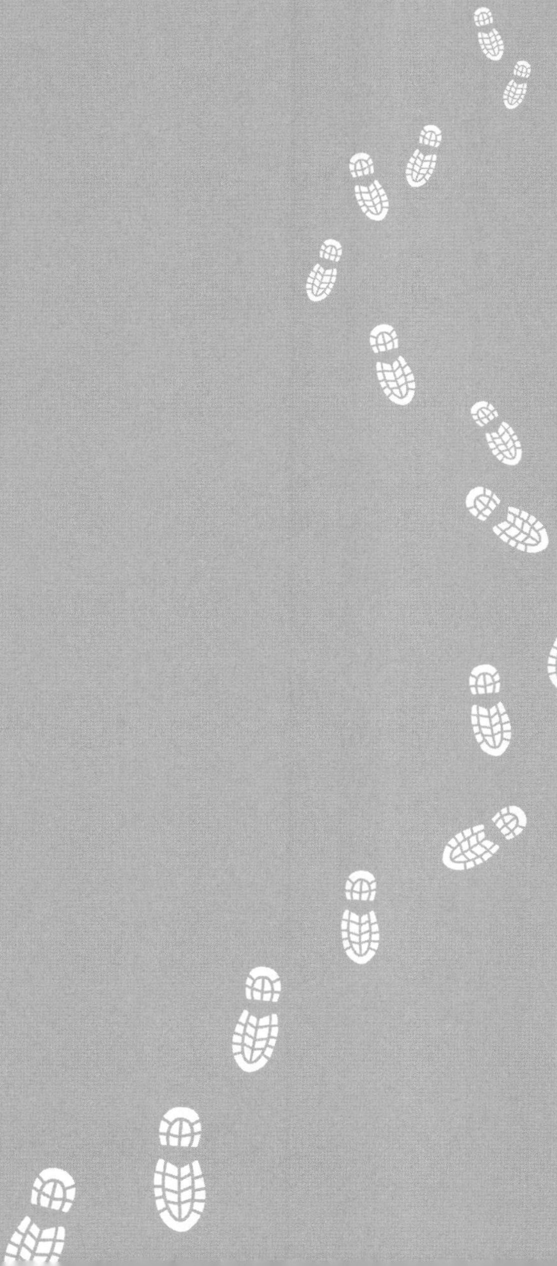

15

只要比年輪快，就好

即便我跑不快，
但絕對比不跑的我要強大許多。

我是馬場上的「典型後段班」。

後段當然不是指我的顏值，而是指名次墊底，成績不太好看。典型呢，指的是我毫無跑進前段班之企圖與能力，晉升中段班或有可能，但想想何必那麼累呢，不妨待在後段班，當個「馬拉松道上的哲學家」（先別罵我臭屁，以後再慢慢解釋這典故從哪裡來）。

當然，我也是有血有淚的男子漢，有時不免暗自生氣：「你，就是你，你就不能跑快一些嗎？」

可以的，我試過。最好的成績是五小時多一些些（我就說我是典型後段班嘛，最好的紀錄不過如此），完賽時格外爽快。「如果，後面十公里不要掉速度，是有機會跑進五小時以內呢！」完賽後，我一直這樣「幻想著」（雙魚座又在演男一的內心戲了）。

但很抱歉，我後來就再沒跑出那次的成績了！

即便我後來在「台北馬」完賽（意味我在五個半小時跑完全馬），但幾乎是壓著關門時限前幾分鐘衝進去的，所以也沒超越自己的ＰＢ！

歐買尬，我竟然用了「破ＰＢ」這個馬場炫耀詞！在平常我是很不愛用的。不是我忌妒別人破ＰＢ，而是「跑馬是一個人的武林」，除非要爭搶上凸台、領獎盃或獎金，否則，我破我的ＰＢ，他刷他的ＰＢ，彼此既不衝突也不相干，何必忌妒，對吧！

不愛用「破ＰＢ」這個詞，並不意味我沒有破自己ＰＢ的可能或機率。此刻可以告白的是，真正說不出口「破ＰＢ」的原因，其實是自己的成績實在太差，要是在一堆完賽的人群裡高喊：「我破ＰＢ啦！」即使別人不投以異樣眼光，我自己也會在喊過一句後，就不好意思再喊第二句。那表情，肯定非常像周星馳電影裡慣見的畫面，最後把頭埋藏進老婆的懷裡（哎呀，真是不好意思呢）！

那次「難得跑出個人佳績」，我記得是金門馬拉松，之所以能跑在貼近五小時多的最佳成績，還得感謝跑團裡一位高手，一路帶著我跑了三十公里左右，最後我揚揚手表示「剩下的距離我行的，不用再照顧我」後，他終於露出那種師兄不必再關照師弟的如釋重負表情，揮揮手臂（因為沒有衣袖），不帶走一片雲彩。結果，他輕鬆跑進四個多小時。而我呢，在那之後，從來沒破過那次的ＰＢ。

我不是沒試著去跟跑團，定期接受較嚴格的訓練。但練了幾次後，一則實在「我很宅」，不太適合固定的團體課程；二則，我發現自己的身體狀況無法承受太強的訓練；三呢，我注意到不少跑馬易受傷的人，多半是求快。就像武學，要練少林功夫，得有《易筋經》的絕活，筋骨移位，打掉重練，我這把老骨頭真不容易！反之，我傾向於武當張三豐的路數，吸氣吐氣，緩緩、慢慢，左移、右移，一切從心所欲，慢慢來！

這也就是我後來摸索出，專屬於我這個慢速龜的馬拉松哲學了。

想辦法在規定時間內跑完；若狀況好，那就快一些；若不行，那就不勉強自己，都這把年歲了，幹嘛還拚命呢？我美麗的老婆，您說是吧！

我挑戰的是自己，贏過的是逝去的青春

提起我美麗的老婆，我必須感謝她對我假日出門跑馬這件事從不阻攔。只是我摸黑出門偶爾會吵醒她，讓我過意不去。而她，常常會擔心，我平日睡眠不足，工作繁重，假日還這麼拚，會不會把自己搞太累？

不過，每回她看我前一晚整理馬拉松裝備，興致高昂的準備跑馬，也就壓抑住「有一種關切是屬於太太的關心」，只提醒我不要勉強、不要硬撐，跑不完不要硬撐啊。

但這正合我意啊，我跑不完從不硬撐的。

何必呢，上不了凸台，破不了ＰＢ，拿不到獎盃，我硬拚什麼呢？！

我只是享受出門去挑戰四十二公里，讓自己感覺很爽，然後真的跑完也很爽的那種感覺。讓我在日常的疲憊中，有一種期待；也讓我在中年以後，前塵不堪回首、未來不明不白之時，有一種倚靠。

期待什麼呢？期待在日復一日的軌道上，有一天（至少一週有一天，或兩週有一天）能讓自己的肉體記憶著疼痛，記憶著身體被緊緊催逼而釋放出的能量。

又倚靠什麼呢？倚靠著一場接一場的完賽。我有了夢想，我將會是那芸芸眾生裡，有著「百馬王子」（噢，可不是白馬王子喔）封號的一個老傢伙！我跑，我不一樣了。

人的強大，是可以被慢慢調教出來的。

這是我改跑全馬以後逐漸學習到的，對自己、對身體，以及對強度的認識。以前唸書時，跑個四、五千公尺，就覺得是鍛鍊。到三、四十歲階段，每天能跑五、六千公尺，亦覺維持良好。

而今日，即便我跑不快，但出門隨便暖暖身軀跑個步，動輒便五公里、七公里、十公里的，甚至常是在山路上爬坡，都還不覺任何疲困，更別忘了，我早已是個花甲美魔男一枚了！

我已經比三十幾歲、四十幾歲、五十幾歲的我，在跑步的能量和意志上，強大很多。

全馬不是輕鬆的挑戰。

追求百馬，更不是隨便可以允的諾、許的願。

在馬拉松賽道上，經歷日曬、雨淋、風吹、雪飄（在日本），完成一場場賽事的我，絕對比年輕時候的我要強大許多。因此，我美麗的太座，為何要阻攔我大清早摸黑出門跑馬呢？我的強大，是她幸福的保障啊。

所以，我自己幹嘛不停下跑得既不快，成績又不好，且偶爾還會棄賽，甚至被關門的馬拉松賽事呢？答案很清楚，我挑戰的是我自己，我贏過的是我那逝去的青春。

我為什麼還要繼續跑馬？因為我跑故我在！

我跑不贏太多馬場上的朋友，那又怎樣？他們不嫌棄我，就好。

我只須歡欣出門，雀躍上場，只要跑得比實際的年輪快，就好！

16

明知會失敗，還是要出門一探

要把人生全程走完，
需要先不怕會走不完。

• • •

很多人跑馬成功寫心得，但很少人寫跑馬被關門。

沒錯，跑完一場馬拉松令人振奮。

然而，如果人生確實如馬拉松，那沒完賽與被關門，不也是人生之常態嗎？

何況，我確實有資格來談「被關門」、「被回收」的體驗。畢竟我可是經歷不少次呢！

菁英選手或前中段班高手偶爾會失手（準確講，應該是失腳），但那是少之又少的經驗，因而頂多懊惱一下，很快便沒事了。但我們很難明說，那絕無僅有的失敗，會給他們帶來怎樣的體悟，我說的是「體悟」喔！

「悟」這個字，不是一次兩次的經驗就能「悟到的」，我們常說「悟道，悟道」，除非是極慘痛之感受，否則總要有一段時間的痛苦經歷，才叫「悟其道理」之「悟道」。

英文裡的「痛苦」，我喜歡 Suffering 這個詞。Suffering 的痛苦之意，往往帶有時間的概念。中文我們會譯成「承受痛苦」，英文便是「suffering from 什麼什麼」。我跑馬拉松時，常會用這個英文詞彙激勵自己。

馬拉松四十二公里的漫長旅程，不正是身體承受幾小時的煎熬，以及這煎熬所帶來的肉體與精神上的痛苦嗎？

正因為幾小時的煎熬，有時不免超出我們當下的負荷，於是可能被迫放棄、被強制關門，在馬拉松賽道上這樣的經驗，雖不能算少，但絕對不多。

唯其不能算少，於是就有討論這些少數的必要。但也因為不多，所以多數完賽的人不易理解為何有些人不能完賽、無法完賽？

馬拉松的中前段跑者，其意志與體力是完美的結合。而後段班，其意志與體力則呈拉鋸戰。

我有時會覺得，優異的馬拉松跑者高速完賽，絕對「可歌」（可以歌頌），但很難稱之為「可泣」，畢竟都輕鬆完賽了，還「泣啥」呢。唯獨後段班，跑得死去活來，以為這場沒希望了，發現終點線仍那麼「天長地久」，氣餒之際，卻不料自己竟能跑完！

這若不是天意、不是奇蹟，還能是什麼！激動之餘，泣下幾滴眼淚，很合理啊。於是，當然要「可歌」、「可泣」一下，甚至講它一輩子！

曾經有位典型前中段班的跑友與我一起出賽，那天他臨時身體不舒服，半馬以後，完全是憑藉他前半馬跑出來的成績，再加上老馬的經驗支撐，最終還是五小時多完賽（仍舊比我快不少）。賽後他卻連連對自己不滿，表達狀況不好的歉意，卻不小心說出他仍屬前中段班的潛意識。

他說，終於明白了後段班的畫面，原來都很「老弱殘兵」啊！

他才講完便立刻察覺不妥，身為他朋友的我不就是「其中一個」老弱殘兵嗎？

（蛤！蛤？蛤！什麼意思給我講清楚，我的內心小劇場在翻騰。）

但我言不由衷的雙魚座個性也隨即上身，不讓已覺失言的對方尷尬，我笑著回應：「是啊，知道我們後段班的心情啦，我們跑馬可都是『拚命』呢！」

他也識趣的回我：「你們真了不起！」

但我由衷相信，他即便這麼說，等身體狀況一好，肯定不會再留在後段班。可見這僅有一兩次後段班的經驗，怎可能讓他真正的「悟」出，我們後段班苦苦遙望前人車尾燈的「道」呢？

只有像我這種，一年裡總有好幾次以上，從起跑線上出發，最終跑不完全程，被回收、被關門的後段班跑者，才真正能參禪悟道的。了解後段班恐懼被關門，不得不在明知可能被回收的威脅下，繼續跑全馬的心情，那才真正是「可歌」（烏龜想唱狡兔之歌的勇氣）「可泣」（最終癡心妄想不得逞的哀泣）啊！

上半場的全力以赴，不該是下半場徒呼負負的藉口

有一年，我從年頭到年尾共完賽十五場全馬，看起來還不錯是吧！但我仍有四場沒能完賽，還有好幾場臨時有事放棄。也就是我原先預計年度完賽二十場的目標，無法達陣。

我每年大概都有幾場無法完賽的馬拉松，但我為何還要繼續報名，繼續參賽，繼續冒著被關門的風險，不肯在馬拉松的累積上退卻呢？這才是前段班跑者或不那麼懂馬拉松的人，會好奇乃至不以為然的關鍵處。

像我美麗的妻子便不時提醒我：「你啊，就乾脆跑半馬就好，幹嘛那麼拚！」（我明白太座的關心，也知道我若跑半馬，完賽後還可以順道幫她帶早點回家）是的，我若改跑半馬，的確很輕鬆，撐一下兩小時多便結束了。但我為什麼要在可以輕鬆跑完半馬的選擇之外，繼續嘗試那不太輕鬆，甚至很辛苦的後半馬呢？

很賤嗎？不，喜歡吃苦很高貴的。

喜歡痛苦嗎？不，是痛並快樂著才對。

把全馬當作兩個半馬的加總，那是算數問題。可是全馬不僅是拆分為兩個半馬的加總，而是意志問題，也是人生的境界問題。

如果我們能活到八十歲，半場在四十歲。我們的後半場人生，接下來的四十年會跟前面四十年依然相像嗎？

差太多了，對不對？

前面四十年呢，青春昂揚，體力充沛，興致盎然，一切彷彿信手拈來，唾手可得；後面四十年呢，年華老去，精力下滑，興致索然，生命彷彿陷入泥淖，諸事煩心。

我們該怎麼辦呢？

任由歲月侵蝕我們不願老去的靈魂？

任由俗世牽引我們陷入塵世拘泥現狀？

任由前半場的繁華徒留我們坐視下半場的無奈？

我是在跑全馬的過程裡，體悟出「下半場」的道理。

上半場我們全力以赴，但沒理由下半場就該徒呼負負！

下半場若做不好、走不順，人生上半場將成我們記憶的包袱。

要把人生全程走完、走好、走遠、走順，我們必須不怕被關門，不怕被回收，我們必須在馬拉松的賽道上，悟出若再努力一些、再積極一點，再在上坡吃力處咬緊牙根的話，便能衝進終點線，搶在關門之前！

來吧，讓我說明一下，為什麼明知不是每場馬拉松都能完賽，我還是鍥而不捨的報名參加，抬起步伐，偶爾還要面對被關門與回收的窘境呢？因為，這是我的人生，這是我的下半場，我不會輕易放棄、輕易偷懶，寧可被關門，也必須要出門，跑它一場！

17

不一定要贏，但要記得輸

決定棄賽，

比起全身疲憊，心裡更累。

週日中午左右回到家，太座看我一眼，眼神疑惑著：這麼早？

「是啊。」我沒多說什麼，表情給了答案。

她笑笑：「還要這麼辛苦嗎？以後半馬吧！」說完出門去洗頭了。

我默默換洗衣物，倒頭睡了一覺。

傍晚醒來，黃昏豔麗如啼血杜鵑，彷彿心情。手機上傳來好些照片，都是沿路看到我的跑友合照後傳來的，但我沒多說什麼，恭喜他們完賽後，就在落地窗前喝著冰啤酒發呆。

奇怪了，跑得半死時最誘惑我的魔鬼，就是停下來來杯冰啤酒（啊，多爽快），但現在喝著冰啤酒，心中、嘴裡一片苦澀。

能說什麼呢？都說世事難料一如跑馬，然而沮喪依舊啊。

此時，女兒回家了，想吃一款限期銷售的炸蝦天婦羅漢堡。我去山下買回，父女倆坐著聊了一會。

她去許願文昌公，期待申請好學校，我對她說以前考大學，奶奶帶我去新竹城隍廟許願，若是第一志願中了，以後要還願的。

女兒問：「那要是她在國外呢？」

我說：「一樣啊，不是我們代表去還願，就是等妳回國後去還願啊！」

我好奇反問女兒：「文昌公管得到國外學校嗎？」

女兒瞪我一眼：「你要講中文名字啊，例如 Brown university 就要許願布朗大學啊！」

喔，我望望女兒，十七歲的女孩呀，是很那個的！

窗外黃昏已逝，萬家燈火。與女兒聊天，讓我平靜不少，心情卻仍是不佳。遂八點多就早早入睡，全身疲憊，但心的疲憊更甚。

清晨三點多醒來。難得沉睡了近七小時，腦袋漸漸清晰起來，還是決定動手記錄這次跑馬失敗的心情。

臉書上，都是一篇又一篇跑馬完賽的喜悅與興奮，很少人會記下失敗的心路歷程。當然多數人是能跑完的，跑不完的終究少數，既然少數也就不想讓大家掃興便選擇沉默了。

既然跑馬一如人生，那失敗不也是一幅幅不可少的畫面嗎？只是，跑馬畢竟是一般跑者的業餘生涯，成功值得一記，失敗是不是就算了吧。

但我還是在深夜裡細細回想了，何以這一馬失敗了？

✧上一次有效，但不會是永遠都有成效

「天氣熱」，北部近攝氏三十度的高溫，當然是因素之一，而且是重要的因素。

幾位跟我熟悉的跑者完賽成績明顯都慢上許多，炎熱迫使大家速度放慢，尤其對我這個後段班來說，原來五個半到六個半鐘頭之間的跑者，因為速度放慢，時間就更緊迫。

我過去幾場無法完賽的馬拉松，多數是炎熱天氣造成的失敗。原因沒錯，但實在不該是理由，別人再熱亦都勉強為之了，我，老傢伙，如何不能呢？

「練習不夠」，這確實仍是關鍵。

這次板橋馬起跑後，大概十幾公里開始就覺得腿力不彰，我幾度放慢腳步，努力調整呼吸，還試著改成大步跨走，意圖緩和自己流失的體力。這招上次在台東知本馬、上上次在宜蘭杏輝馬都有實效，調整後，都能夠再度啟動跑

步程式，但這回失效了，幾度跑起來立即感覺呼吸紊亂、小腿酸痛，在第一次折返點後，連膝蓋都微微痛起來。

我不是不想掙扎著完賽。第一次折返後，我一直計算著時間與跑速，業已跑完的半馬我大概用了三小時，不算太差，如果能撐，是可以在大會規定的六個半小時內拚完的。然而在過了半馬後，半小時內我只完成了三公里，而且有點吃力。這讓我開始緊張，因為如果一小時只能達到六公里，那剩下的時間就很勉強，何況體力只會下降不會上升，跑速會更慢，那就非常可能完賽不了。

過了二十四公里以後，背後追來知名的「千馬跑者水牛哥」。他說今天真熱，連招牌「啊～啊～」聲都喊不了幾次了。我對他說自己沒力了，他說跟著他應該可以在六小時二十分前後完賽，再差，拚壓線前或許剛剛好。

聞言鼓舞，我便咬緊牙關跟了兩公里多，但水牛哥的背影愈來愈遠，就像溺水前夕感覺自己一直往下掉，偶爾掙扎一下浮上來，看見前面的島嶼，但不一會又沉下去……

就那樣，計時器記了二十六．四九公里費時四小時四分鐘，我棄賽了。沮喪回到會場，我悄悄拿回寄物背包，連晶片都沒換，就往停車的遠方走去。這讓我的全馬數停在二十七場。

人生一如跑馬，我只能記住：不是每回都能贏，尤其對我這樣的後段班。

18

每一次挫折，都是成功的積累

放棄繼續奔跑的輕鬆感，
會被不甘與羞愧取代，提醒不該再輕易投降。

• • •

身為馬拉松人「最完整的馬拉松記憶」，實在要包含被回收的紀錄。而且，不能只有一次被回收的經驗，最好有個兩、三次吧！一次被回收，我們通常會以「不過是意外啊」來回應，既然屬意外，當然會覺得「意外有什麼好說的」便一語帶過。唯有兩、三次以上的經歷，讓意外不再是意外，對跑馬人與馬拉松文化，方有更深刻的體認。

舉身邊跑馬人的例子來示範吧。

好友小蘇很會跑，已完賽兩百多場馬拉松，對他來說，完賽一場馬拉松根本是 a piece of cake（小菜一碟，輕輕鬆鬆）。

但在台北馬拉松，他卻栽了一次跟斗。每次跑台北馬，他都會再三叮嚀我，不要在補給站停太久，要盡量在前半馬拚搏後半馬體力不支的本錢，這提醒，完全是識途老馬的見識。

這個他唯一的馬前失蹄，竟是由於當天肚子不舒服，在十公里前跑去上廁所，一出來，發現第一道關門點已然對他 say no 了！

這對他當然是一場意外！他的實力遠遠超過我太多，但他馬場上第一次的被關門，距離卻短得比我尷尬（我兩次被關門，可是分別在二十七公里與三十八公里啊）。

但正因為是意外，所以他很難在這次被關門的意外裡，真正體悟出什麼。

而且只跑了十公里，他怎能理解體會，一個人在跑過二、三十公里以後，「被回收」的落寞呢？

不像我，上過回收車不下近十次，大可暢談被回收者的「心情故事」。

我第一次上回收車，老實說，人還頗興奮。上了車，一方面有如釋重負的鬆懈感；另一方面，因新奇經驗而四處亂看，竟然只要坐上車，就可以「輕鬆」回去了。

但，很抱歉，過不久我便發覺「一點也輕鬆不起來」！

首先，車上比我早入座的被回收跑者，均擺著一張張撲克臉端坐著，有人閉目休息，有人默默滑手機，只有我雙目四處移動，感嘆特別的體驗。然而隨著時間過去，新鮮感沒了，這才發現，原來被回收的跑者並不能很快離開賽道返回終點站，必須等到回收車坐滿，方能啟動。

我多次被回收過，所以，坐在車上等待移動的時間，每次經驗不同、時間長短不一。要看那場賽事，天時地利與個人的狀況而定。

印象裡，若天氣異常炎熱或寒冷，回收車上的滿座速度便很快，否則，就要等待許久。

我真正感受到回收車上不好過的心情，是在一次坐在靠近跑道的窗邊座位時。車窗略高，可以俯瞰跑者一個個從車窗下跑過，看他們奮勇向前，我突然有一種失落感，甚至是罪惡感，責怪自己怎麼就那樣不爭氣的放棄了，被回收了呢？如果再掙扎、再努力拚一下，會不會就能繼續完賽呢？

我充分體會到，人在回收車上，心境其實一點也不輕鬆，那種看著跑友一個個奮不顧身繼續在太陽下、在寒風中，穿越過眼前的感受，真的很不好受。

還有一回，我在山路的賽程上實在跑不動，只得坐上回收摩托車（機動載送跑者至回收車收容站）。那段路程，簡直令我難過到不行！

坐在摩托車上，直接與跑友們一個個擦肩而過，這與坐在大型回收車上是完全不一樣的畫面衝擊。在大型回收車上，我們僅是多位棄賽跑者的其中之一，但在摩托車上，就僅剩自己跟騎士兩人，路上跑者皆知「被回收者是誰」，沒人會注意騎士，但一定會看看「後座是誰啊，竟然被回收了」。

發現路上跑者都會攞過頭望向摩托車上的自己，我於是羞愧到把頭埋在騎士的背上，為了解嘲，還對騎士大聲說：「風太大我張不開眼，借擋一下！」

「我有許多失敗的經驗」和「我是失敗者」完全不同

這種被回收的愧疚感，哪裡只是那些「一次意外被關門的跑者」所能體會的呢！

意外被關門只會當成是意料之外，對意外，我們本能的會辯解、會找理由。但對多次被關門者、被回收者的我來說，大概就不會再找什麼理由辯解了，若說天氣熱，那一堆跑者同樣在高溫下卻能完賽；說天氣冷腳抽筋，可別人抽筋也是一拐一拐的撐完全場，不是嗎？

難怪我頭一次上回收車時的新鮮感逐漸被羞愧感取代，只因為，我心底可能把那次視為意外。但有過多次被回收的經驗後，我知道那不是意外了，而是底子太差、練習不夠與意志力太弱，當別的跑者都能一一克服各種可能的天不時、地不利、人不和等考驗時，為何獨獨就自己不行呢？

這才是我多次被回收後，體會到回收車上的跑者表情之所以落寞、眼神之所以呆滯，以及心情之所以委頓的原因了！

唯有充分體悟被回收的心境，才能明白克服各種可能的不利因素後，確實完成一場四十二公里的馬拉松，是一件多麼、多麼不容易的人體工程。不管是限時因素，抑或賽道的艱辛，能拚出一場完賽，真可以說是克服了自己的狀況，克服了自己的心魔，克服了周遭環境的層層考驗。只要有任何一項因素克服不了，便可能被迫棄賽，被迫坐上回收車。

然而，上回收車，又何嘗不是馬拉松人生很重要的一堂課呢！

就好像曾經有一位前段班跑者，在一場賽事上由於當天有狀況，在接近關門前才勉強完賽，他告訴我：「原來後段班的人都好貼心啊！」、「一路上都有人為我加油打氣。」

就好像我多次搭上回收車後，有一回看到一位跑者心不甘情不願的上來後，我對他打氣說道：「第一次吧，別難過，我被回收過好幾次了！」他瞪大眼，像是看到十次革命失敗的國父孫中山本人一樣。在那等待回終點站的大半小時裡，我們交換了很多馬拉松的心情故事。

是啊，馬拉松真像人生的隱喻，漫漫長路，有得有失，實在不必在意有幾次被關門、被回收的紀錄，那不也是我們將來可以說嘴很久的故事嗎？不妨去問問那些前段班的，有幾人敢說自己上過回收車！

19

當菁英選手的失敗組同學

沒有人是無堅不摧的，
再強大的跑者，也會有抽筋的意外時刻。

我是馬拉松的後段班。

按理，那些上凸台的佼佼者，離我是非常之遙遠的。

更別說，來自肯亞的非洲菁英了，我連看到他們背影的機會也不大。

國際菁英選手是天之驕子（女）。出發前，全站在第一線，哨音一響，箭一般的飛出去。我這遜咖，往往都在很後面出發，國際菁英到底長怎樣，說真的，我連車尾燈都看不見。

除非，賽道是折返的。當對方折返時，我才有機會隔著跑道，望見總一（總成績第一）、總二、總三……迎面而來，如高鐵列車轟一聲快速過去。那可真是快。都半馬折返了，速度還跟起跑一樣快，不是神人又是誰！

我唯一與菁英選手近身接觸的，說來尷尬，是在回收車上。

那是在台北馬。關於台北馬，我有兩次被關門的經驗。一次發生在二十七、八公里處，另一次最冤枉，是在最後一道關卡剩下四公里左右。

我跟肯亞菁英的相遇，是在二十七、八公里被回收那回。

那場台北馬，天氣很糟，氣溫低還下著雨，我小腿幾乎抽筋，實在撐不住，只得停下來，被摩托車載到回收點。在回收點，我們每個黃皮膚的被回收跑者，都臉色黯然坐在那滑手機或發呆。

說時遲那時快，突然間，上來一位皮膚黝黑、身形高挑，且極為精瘦的跑者。他最顯眼的不僅是膚色體型與我們這群被回收選手不同，而是他即便坐上同樣的回收車，卻依舊展露出「王者氣勢」，那架勢仍然散發出一股「明確的訊息」：我是菁英級選手，跟你們不一樣啊！

為何訊息明確的不一樣呢？因為我們都在車上凍得發抖，他則是披著一身閃耀著金屬光澤的防寒毯子（明顯是大會提供的），大半個人包裹在裡面，只露出一張黑得發亮的上半部臉龐與一雙靈動的眼睛。

望著他，我想車上被回收的其他選手都跟我一樣好奇吧：「怎麼回事呢？」、「這不是我們這群遜咖專屬的回收車嗎？怎麼來了一位一看就知傲視群倫的肯亞菁英呢？」

大概是有太多疑惑的眼神了，只聽見回收車上的督導（我猜是）既像在自言自語，又像是要跟我們釋疑似的大聲以台語說：「阿兜啊凍加凍免條啊，抽筋啦！」

喔，神人也會抽筋！

我望著他，其實很讚嘆他的體格，那真是我看過最像奧運級馬拉松冠軍的身形，清癯精瘦，宛如一陣風的跑者。

多數馬拉松菁英選手大概都有著類似的體格，瘦削、腿長，體脂肪「低到不成人形」，高矮倒不一定了，我看過很高的，也看過比我還矮很多的，但不論高矮，他們的身形都絕對是馬拉松菁英級的身材。

到了終點站附近，我們陸續下車，他問我要去哪裡拿回背包，我指引他方向，隨後他就腳步飛快的走了，從背後看，確實是抽筋了，但步伐還是很快。

即使無法成為神人，但我們能當主宰自己人生的凡人

我曾經因為工作的關係，去過一次奧運會的選手村。那是我第一次被希臘雕像一般的選手身材給震懾住，但那也是唯一一次的近距離經驗。

手長、腳長、上下半身比例均勻，走在選手村裡的選手，個個貼身運動短

褲短衫，肌肉結實，線條優美，完全有當運動網紅的絕美條件。最終，我的驚嘆只剩一句話來形容：「希臘雕像的構圖，原來都是有所本啊！」

但是，那是奧運會裡的等級。一般運動場上並不多見，馬拉松場上也是。若經常勤跑馬拉松，那擁有低體脂肪的機率應該很高，但要擁有希臘雕像一般的身材，仍然不是很容易。

運動量不夠大到跟奧運級選手相比，當然是原因之一。我們的日常生活不至於要像專業級運動員那樣的控制飲食、重視重量訓練，也可能是差別原因之一。而最重要的，是我們在先天上，就不是頂級運動員的料，這恐怕才是不得不承認的現實，否則，我們早就是運動員了，不是嗎？

於是，我們或者過胖，或者過矮，或者腿短，或者身形比例不和諧，這都是我們之所以屬於一般人，屬於常人的原因。

我們即便因為愛運動，重視各種健身的訓練，但要把一般人的體型，鍛鍊成希臘雕像一般，不僅困難度高，而且真的有必要嗎？

於是，運動對我們這些平凡大眾最大的意義，絕不在「雕塑體態」，而在「形塑意志」。所以，馬拉松賽道上，每每最讓我感動的，並非頂尖菁英級選手的拚鬥（雖然那確實很振奮人心），而是一群群望去外型並不突出，鬥志卻十分執著的「凡夫俗子（女）們」，認真的把跑步、跑馬拉松，視為是他們人生中重要而有意義的一件大事。

我有個小小的嗜好，每回完賽後，都會去網路上找賽事的活動照片。一張張滑動翻閱著，看到我認識的跑者，對著相機擺姿勢，因認識而愈發親切；看到我並不認識的跑者，對著相機裝可愛，也很好玩，陌生的他們或許日後在馬場相遇時就會有印象了；更多極令人動容的照片是，不管我認識與否，鏡頭裡跑者們那極為專注向前的神情。

他們不會被馬拉松歷史記載，不會被媒體報導，但鏡頭下的他們，依舊專心的跑著。他們別無所求，反而跑出馬拉松的不尋常意義，跑出馬拉松絕不會在地球上消失的隱喻：「我們雖是凡人，但我們以自己的雙腳、身軀，印證地球的存在，我們的存在。」

下次跑馬拉松時，請多看一下四周。前方那位跑姿優雅的美女，她可能是位模特兒；右邊那位微胖的中年男子，腳步輕盈彷彿正跑出他遲到的青春；剛剛擦肩而過的消瘦女子，別亂想了，她或許正是我國中老師那一輩，而且已經跑過兩、三百馬啦；好，還有那位喊人帥哥但自己個頭不高的他，可以赤腳跑完一場馬拉松，而且臉不紅、腳不痛，讓人不免懷疑「我們這些穿跑鞋的在幹嘛」；喔，還有那位用一歪一斜不平衡的跑姿，卻藉由速度使全身維持一種動態平衡的年輕人，可別小看他，他不只全馬數將要破百了，還是位腦性麻痺患者，而且在馬場上贏過許多人。

馬拉松賽道上，菁英跑者不少，而平凡如你我者卻占據大多數。我們雖然無法企及菁英的世界，但能以平凡的肉身，形塑自己想要的人生。

20

請問，長跑中都在想些什麼？

跑道上，身體不自由，
但思緒超級自由。

「前段班與後段班，注定分屬兩個世界吧！」我猜想。

這猜想來自於一次餐會中無意間的對話。

一位鐵人三項運動高手（跑得快、游得快，騎得也快），在席間突然問我：「不知會不會冒犯，你花那麼長的時間跑完全馬，你都在想什麼？」

（這不叫冒犯叫什麼！你會問前段班這種問題嗎？）

我握著啤酒杯，擺出自以為優雅的笑容，對著他笑。

應該沒有跑者會從起跑線開始，便決定好今天這場四十二公里的全馬，路上要先想想「總統大選誰的政見好」，然後再想想「最近有沒有惹太座生氣」，接著後半馬要來回想「啊，我那無緣的初戀情人如今在哪」，最後要衝終點前準備於內心高喊「我愛中華，天祐台灣」！

沒有人會預先準備好，跑全馬的途中腦袋準備想什麼吧？

若真有，那請告訴我，我一定奉你為神人！

（歐買尬，連跑馬的思緒都可以規劃好，不是神是誰！）

但為什麼，馬場圈外的人或跑很快的菁英會這樣問呢？

馬場圈外人無法理解花上五、六個小時在無聊的賽道上，只能一直跑、一直跑的時候在想什麼？圈外人也猜對了，若不靠著「想些什麼」，我們這群慢咖很難完賽。

菁英跑者則要專注那兩、三個小時，需要精準配速、緊盯競爭者，想的應該都是「不要鬆懈」、「不要掉速」之類，肯定不會是漫無邊際的亂想，那太沒效率了！

而效率，恰是前段班與後段班的標準差異。

來說說我自己就好吧。動輒五、六個小時才完賽，還講什麼效率！當然，我會邊跑邊激勵自己，但在四十二公里的漫漫長路上，若內心持續狂喊加油，應該沒有人不會心煩。尤其跑到後半段，體力下滑，意志動搖，愈跑愈沒信心，無論怎麼喊加油，也像走夜路吹口哨，聲音愈吹愈小。

很多跑馬人會說「跑步放空」。但仔細分析，那應該也不叫放空。而是，不會「被現實框架綁住」的一種自由狀態，思緒宛如脫韁野馬，肆意自由飛翔。

有趣在於，思緒固然亂飛，整個人卻感覺自己在放空。體力在消耗，腦袋卻明澈，這反差，應該是很多跑馬人都有的感受。

既弔詭，又深深吸引人。

我有時甚至覺得，跑馬人是在刻意追求這種反差感。平時，我們愈忙亂，時程表排愈滿，心思愈不容易平穩。君不見每個行程忙碌、會議一場接一場的主管們，哪有不焦躁的！

不能怪他們，人性肉包的，會累會疲當然也會煩啊。

可是，跑馬拉松很奇特，前段體力夠，可能還不大在意心思在想什麼，東看看西望望，還有餘裕專注自己的速率（別笑，我偶爾也會注意配速，尤其在前半馬），但後半馬，挑戰來了，精神、體力漸漸不支，腦袋卻海闊天空自由亂舞起來。

跑多了，我彷彿理解「那是需要忘卻馬場上痛苦之肉身的逃避」，除非我棄賽，否則我不可能真的逃避跑道。那怎麼辦，只得逃避現實，乘著想像的羽翼飛吧，飛吧！

難怪很多跑者，會仰頭看天上的雲。

很合理，而且非常詩意盎然。累了、腳疼、腿痠、氣喘，但天上的雲多自由、多輕鬆，白雲蒼狗不斷變幻，看著、看著彷彿忘卻被限制於一條賽道上的痛苦。

跑道上的自己，身體不自由，但思緒超級自由。

自由，就是一種隨意連結。人以為的放空，其實不可能真正的放空。人以為的放空，多半就是超出框架，自由的連結。

跑步間，羨慕的仰視浮雲，它在視線前不斷變幻，思緒、記憶亦隨之不斷變換。我想起小學時站在司令台前的朝會，陽光耀眼，校長不知在講些什麼，一個同學撐不住倒下去。

（天啊，他是誰？早忘記了。怎麼在跑得半死之際，突然想到那畫面。哇，自己會不會跑著跑著也不小心暈倒吧！）

（天啊，這是警示嗎？要自己不要再撐了？）

（不對！這明明是魔鬼的誘惑，要我停下來去路邊樹蔭下躺下來，喝杯啤酒，舒服療癒自己的身心。）

（天啊，怎麼又胡思亂想了！才二十五公里多啊，這就不行了嗎？自己這遜咖，不是早就說不要來了嗎？不來沒事，來了又棄賽，丟不丟臉啊！）

隨隨便便就可以汲取，那些在馬拉松路上腦袋裡亂哄哄的畫面。

生活太苦，就靠「胡思亂想」轉移注意

我們不能預期自己該想什麼，卻可以在那當下，發現原來自己的世界、自己的過去，竟有這麼多豐富的抽屜可以隨意開啟。跑著、跑著，雖然肉身被卡在一條賽道上，但「靈魂出竅」了。不對，應該不是靈魂，不然跑著的不就是殭屍了嗎？不是靈魂，是思緒溢出軀體，跑進一座超大的記憶倉庫，每件事、每個人都好像有專屬的檔案盒。我們隨意挑一盒，打開便是畫面，便是往事故

事。我們一直跑，盒子一直被打開。

長達四十二公里的漫漫馬拉松，絕對不可能不去想些什麼，否則，一旦面臨體力下滑、腳步停滯的窘境時，很難撐下去。

但也很難設定自己硬要去想什麼。可是，我的確也會有在思索特殊議題的時候，只不過，通常都是隨機的、具「意識流」的。沒錯，就像現代主義小說家很愛的那種技巧，以斷續、穿插、蒙太奇效果般，描述一個人的意識如何在一個情境中隨意亂竄的那樣。

所以，我雖然會在跑著的過程中，突然陷入「在想些什麼」的段落，可是由於事前無法預料，隨想又可能隨時被打亂、切掉，且之後也無法連接起來，最終，就變成很沒意義、很沒意思的胡思亂想了。

事後回想，其實常常不是很確定自己在跑馬後半段痛苦的煎熬中，到底是靠什麼支撐自己的？有時候，是靠「不斷幹譙」，這是真的。我會一直幹譙、一直幹譙：「幹嘛這麼無聊，停下來吧」、「被接回去不就可以吃一碗綠豆冰、四菓冰、雪花冰……，還能喝一杯冰啤酒、喝上一瓶可口可樂……」

但我一邊幹譙，卻又一邊不願停下腳步，這是一種清醒與趨近混亂之間的意識掙扎拔河。雖然有幾場全馬我就這樣因而被迫放棄，但絕大多數還是撐過了。

當被問及我在想什麼時，我怎能直白告訴他人「我在一路幹譙」呢！我可是小有名氣的資深文青啊！但我若說自己是邊跑邊思索《紅樓心機》、《金瓶本色》、《也許你該看看張愛玲》這些書，都是這樣一路構思的，接下來可能就要換聽者幹譙「蔡詩萍好虛偽」了！

我是全馬後段班，既不能炫耀速度，也無法誇耀跑得輕鬆自在。每一場馬拉松，我都是以「一期一會」的心態，用「蟑螂意志」（只要打不死就會繼續活著的意志力）跑完它。我真的是在全馬後面的三分之一或四分之一路段時，靠「胡思亂想」撐過很多場而完賽的。我完全不騙你。

「在那六個多小時裡，你都在想什麼呢？」

我回過神，面對那位朋友的提問。

（我在想什麼呢？天啊，我該怎麼回答他呢？我想很多啊！）

每一場馬拉松的路上，我都想很多很多啊！我怎麼能迅速的在龐大的記憶倉庫裡，隨意挑一兩個盒子說：「喏，這就是我跑馬時常在想的事情啊！」但他又那麼誠懇的望著我，想一探慢速龜跑者的內心幽微，我能讓他失望嗎？

我只好端起啤酒杯，笑著回答他：「我常常想到啤酒。一杯，一大杯的，剛端上來泡沫還沿著杯口流淌下來的冰啤酒，最好是生啤酒那種。而且我會一邊跑一邊想：『加油啊，加油啊，待會完賽就可以喝一大杯生啤酒啦！』」

「所以你靠著與冰啤酒對話，跑完全馬？」

他笑著，小結論。

「喔不，也常常沒完賽，因為後半段常有跑者誘惑我，私補我一罐罐冰啤酒！喝飽就跑不動了。」

馬拉松跑者在漫漫路上想什麼呢？

那像極了生啤酒上的泡沫，啊，柔柔軟軟、冰冰涼涼，引人一路向前。

21

倒一杯，品味奔馳後的韻味

冰啤酒太直接，冰涼之後僅剩失落，
而威士忌層次蜿蜒曲折，反倒比較像真實人生。

不知道什麼時候開始，跑完馬拉松之後，我喜歡倒杯威士忌，坐在那，靜靜的喝。

一小口，一小口，典型的啜飲。

很奇怪的氣氛，平常喝威士忌也是一小口一小口喝，但完賽一場馬拉松後的啜飲氛圍，硬是很不一樣。

不跑馬拉松的人一定以為，跑完那麼長的馬拉松，不是該喝一大杯冰啤酒嗎？

是的，我總是如此，不然不叫過癮。跑完馬拉松，如果沒開車立即回家的壓力，我是會喝一罐冰啤酒的。流了那麼多汗，消耗那麼多熱量，一杯冰啤酒儼然是莫大享受。尤其在天氣炎熱下跑馬，在過半馬後最煎熬十幾公里間，我心魔深處，最渴望的莫過於一杯冰啤酒。

就像電視廣告，杯口蔓延著泡沫，杯底湧出彷彿會發出「啵啵啵」聲響的小氣泡，閃耀著金黃色光澤，那是望著也能幻想出小麥香氣的冰啤酒。對跑者而言（至少對我而言），那真是最後十公里中魔鬼的召喚了（停下吧，何必再撐呢，停下來，就賞你一杯冰啤酒），但也同時是上帝的召喚（撐完吧，撐完就賞你一杯冰啤酒）。

但奇怪的是，通常真的撐完一場馬拉松回到終點後（或回到休憩的飯店後），冰啤酒的味道便不如在賽道上時渴望的口感了。冰冰涼涼還是好喝，但灌下腸胃後，感覺到的是「啊，不過如此啊」的失落感。

跑馬拉松這麼些年，我唯一一次在完賽後捧起一杯冰啤酒暢飲間，體會到「預期與實際」的無縫接軌，是在日本奈良的馬拉松。

當時喝的是生啤酒。一大杯三百五十毫升，綿綿密密的口感，香氣四溢、冰涼入口，整個人便從大量耗損水分的乾涸中，重新獲得救贖一般的活了過來，宛如一朵即將枯萎的花，一粒以為行將渴死的麥子，突然間，甘霖降生，春天降臨生機盎然。

那是我僅有的一次，在跑完馬拉松之後，在渴望冰啤酒與實際喝上冰啤酒之間，最無違和感受的一次。

冰啤酒適合馬拉松，完全是生理性的直覺。

跑步大量消耗水分，幾百毫升的啤酒，替代了水的功能。在完賽全身熱的沸騰時刻，一杯冰啤酒一口灌下，心涼脾透開，從頭頂冰到腳底板，那滋味確實「怎一個爽字了得」！

但隨著一、兩百毫升灌下去，爽字很快退卻，生理性功能一滿足，那種摸黑出門，一晚上沒睡好，但仍跑完馬拉松後的滿心感觸，絕不是一杯直來直往的冰啤酒所能昇華的。

對，就是「直來直往」，冰啤酒很爽，但它太直接。對於馬拉松跑者的渴望，它太直白應付。張口灌下，直通腸胃，一下子滿足了在漫長賽道上的孤寂與渴望，然後呢？然後就是很飽、很撐、很脹，接著只剩跑廁所。

冰啤酒太直來直往，只能冰鎮一時，無法安適、無法寬慰、無法撫拭在漫長馬拉松賽道上的孤獨與偏執。

學會用儀式寬慰，努力過、且得再面對下一場挑戰的自己

但威士忌可以。唯有威士忌能安撫我在跑馬後心靈上的疲憊。

我是先喜歡威士忌，還是先喜歡跑馬拉松呢？

關於這問題，連我自己都有點困惑。我很早就開始跑步的，雖然當時還不是跑馬，甚至連半馬都還不曾。但我的威士忌嘗試，是在慣常跑步之後起始的。

威士忌品飲需要學習，需要點慧根。

葡萄酒太嬌貴，不好保存，譜系不好弄懂；白酒過於簡單，一小杯一小杯，乾就對了，少了韻味；清酒我頗為喜歡，夏天跑步後喝上一兩杯，也很犒賞自己，但勁頭差威士忌一截。

唯獨威士忌，特別適合馬拉松跑者。於完賽的夜裡，倒上一杯，加顆水割大冰塊，輕輕搖晃，聽冰塊叩擊玻璃杯，水分子釋出威士忌的香氣，再用手掌握住冰涼的杯緣，小口啜飲，讓它在嘴裡發熱，韻味在口腔裡蔓延，那大半天的疲憊，那四十二公里漫長的折磨，都在一瞬間，融合著麥芽香、花香、焦糖香、煙燻香、泥煤香等威士忌的綜合氣息，融入口舌滲入身心，寬慰了此生至今所有的無奈與遺憾。

因為跑馬，於是懂了一個人的堅持，一個人「完成」什麼的意義與念頭。於是，威士忌才真正適合，在完賽一場馬拉松之後，靜靜坐在那，啜飲自己，啜飲生命的暫時悠閒。

我通常是這樣展開一場安慰自己馬拉松賽後的威士忌啜飲儀式。

回到家，先倒一杯冰啤酒（還是必須的），喝它幾口，然後脫下被汗水濕透好幾遍的跑衫跑褲，留下號碼牌，把髒衣物分裝入大小洗衣袋，拋進洗衣機，然後去燒開水，等水煮開時，把剩下的啤酒喝完，水一沸騰，便拿出水餃，扔下十幾顆，轉小火，趁空沖個澡，出來剛好等到水餃熟成，倒在盤子裡，配上ＸＯ醬或一碟醬油亦可，此時倒一杯剛勁有力的威士忌，第一杯純飲，先流淌脾胃，安慰疲憊；第二杯無妨加冰塊，看著半透明的冰塊在琥珀一般的酒液中慢慢的融化。

威士忌很適合把玩於掌中，看酒體與冰塊釋出的水分相激盪，不知怎的，我總會有一種中年以後才懂的感動。我們的人生絕非自己一個人所能完成，我們是酒體也罷，總被別人的冰塊所融入；我們是冰塊也行，總是不自覺的散發出一些影響，但最終，我們必須明白自己要走的路、該走的路。

我是先喜歡跑馬還是先喜歡威士忌，這問題實在不是中年以後的人喜歡回答的問題。

我只能告訴你，跑完馬拉松後，我會倒上一杯威士忌。

輕輕搖晃。

輕輕啜飲。

由於威士忌，由於馬拉松，我對自己有更寬容的認識，我對愛有更溫柔的體諒。誰先、誰後，不再重要了。

曲曲折折的人生，層次蜿蜒的威士忌，漫長賽道的馬拉松。

22

在道上，說謊是必須更是美德

在賽道上，如果詢問還有多遠，
得到的回答肯定會是：「就快到了。」

• • •

每個跑馬人的習慣不同。

我是前半馬，愛用加法，讓自己感覺像登山，快到頂了。後半馬用減法，就感覺要回家了。

事實上，用登山來形容並不妥當。登山的人都明白，上山不易，下山亦難。但無論如何，下山總是已經完成登頂任務，心情輕鬆很多。

可是跑過半馬後，此時並不是下山的心情，而是還有另一個半馬在前面等著，而自己呢，則已體力消耗許多。在後半馬，除非是跑馬神人還能維持均速或甚至催速向前，否則我們多半是努力維持著比前半馬稍差的速度去完賽。

因此，我才在後半馬用減法，麻木自己已然疲憊的身軀。

「加油加油，別怕，就快到了，就剩下七公里了（三十五公里的指標），剩下兩公里了（四十公里指標）……」

我相信後半馬用減法，是符合人性的，否則多數的馬拉松賽事不會在最後接近終點時，往往標示著「最後兩公里」、「最後一公里」，這表示主辦單位很懂人性，每個跑到接近終點的人，都已經接近「人神共憤」的「意識混亂」階段，若看到四十、四十一的數字，只會覺得怎麼痛苦那麼久！但若突然看到「最後兩公里」、「最後一公里」，那就像沙漠裡飢渴許久的旅人，突然聞到綠洲的味道一樣，再沒力，也要拚它最後一口氣啊！

這就是馬拉松逼出的人性。

愈到最後關頭，愈要懂人性的掙扎。為掙扎的人提供適當的希望。在沒力的當頭，要給的是希望。難怪，當我們在折返點後，遇到比自己更慢的人灰白著臉、喘著氣、腳步踉蹌的迎面而來並詢問「折返點還要多遠」時，我們不會老實回答他「噢，還很遠啊，加油」，那可是比在他胸口上插一把劍還殘忍啊！

於是，相信任何人也會跟我一樣，發自內心且由衷的告訴他：「就快了，快到了，前面轉個彎，就到了，加油！」然後，看著他背影往前一步步挪移，心想：他八成會在轉兩、三個彎之後，很幹自己在誆他啊！

但沒關係，我們也確信他會在跑到你剛剛的位置，又碰到比他還慢的人時，會脫口而出一樣的話：「啊加油啊，就快到了，前面轉一個彎就是折返點了！」接著，就忘記剛剛被誆的怨尤了。

✧ 寧可賭在白色謊言，也別賭在運氣

我們都是這樣，一路跑，一路被「善意的誆騙」，卻又一路也這樣「誆騙他人」來完賽的。

「加油啊，就快到了。」

「加油啊，前面補給站有冰塊，前面補給站有烤雞，前面補給站有烤乳豬，前面補給站有冰啤酒……」

有時是真的，但自己跑太慢，補給站的各種美好都沒了，只剩骨頭、香氣，還有空的啤酒罐。可是，在聽到的剎那，還是滿有激勵效果的。

我知道，那是跑馬人對跑馬人的鼓舞，他不希望我們放棄。

跑馬的人，可以相信友情，卻無法相信運氣。

尤其是我這種後段班。我們平常完賽，體能狀況好，天氣又幫忙的時

候，可以五個多小時完賽，但多數情況下，要六小時完賽的人，很清楚沒有運氣這種事。

天氣好不好，是可以預知的。

賽道起伏高低，是可以預知的。

個人狀況好不好，也是可以預知的，通常不會大好，不會大壞，我們就是自己，屬於前段班、中段班或後段班，大致都是常態性的，除非賽前出了狀況，比如拉肚子、腳受傷、最近忙沒怎麼練習等。

所以，有什麼運氣可言呢？

跑馬一如人生，怎麼用功，便怎麼收穫。

我喜歡跑馬，因為我在馬場上，不會聽到有人抱怨：「噢，今天運氣不好，沒跑好！」我聽到的往往是，自責的「噢，今天跑不好，不如上次呢」，或炫耀的「今天還可以啦，破PB了」。

跑馬人最清楚，馬場上，哪有運氣可言呢！四十二公里橫亙眼前，槍聲一響，大家蜂擁衝出起跑線，幾公里後，氣喘吁吁，心臟強力敲擊胸腔，就能知道跑馬沒有運氣，只有意志力，只有體力，只有平日訓練的累積。

我喜歡跑馬，雖然不快，偶爾跑不完棄賽，但每次看著奮勇往前的跑馬人，我便知道這就是人生，不能靠運氣，只能靠努力！

下次看到我跑得不成人形時，請千萬千萬告訴我：「加油，就快到了，前面轉個彎就到了。」

我知道你騙我，但我心甘情願。

繼續騙，我不會恨你的。

23

賽道又漫又長，但來日更方長

時間的弔詭性在於，
愈使用，愈有效率。

「也許，人到某個年紀後，會持續跑馬拉松，會堅持去做並不那麼名利的事（對我來說就是再度投入寫作，並持續寫下去）。這既非偶然，也一定有其生命的體悟吧！我想確實是這樣的，對我確是如此。」

我在一場演講裡，把跑馬拉松與寫作，這兩件現階段對我在步入人生初老之際很重要的事，做出以上的概要連結。

我確實是把寫作與跑馬拉松這兩件事，視為摸索「花甲美魔男」之路上的大事。而且，愈發覺得兩件事的內在關聯，竟然如此深刻相關。

睽違年輕時代的寫作大約十年之久，再投身寫作後，我竟然規律維持一年至少一本書，而且不是那種雜文集結的出書模式，而是專題式寫作的呈現，例如：寫張愛玲、寫紅樓夢、寫金瓶梅、寫李後主、寫聊齋誌異，以及寫我父親等。先鎖定一個主題，花上一段時日找資料，廣泛閱讀並做筆記，然後，一段一段的寫出來，透過在社群平台發表，試探網友朋友反應，達到自己的設定規模後，再交給出版社。

這模式歷經數年之久，我完全沒有倦怠感。藉此我一個主題接一個主題的往前寫，不亦樂乎，亦收穫滿滿。

人的大腦，是不用擔心耗損的。反而，我擔心閒置太久，會生鏽擱淺。

大腦一旦持續啟動，會像自動搜尋引擎一樣，一個主題觸及另外的其他主題。反而讓我稍稍感覺焦慮的是，我沒有太多時間寫那麼多題材啊！

我是「不擔心沒靈感的」。

我的寫作模式，穿梭知識與現實之間，穿越古往今來之間，所以完全不擔心沒題材、沒靈感，只擔心時間不夠。

但，時間有一種弔詭性。

愈使用它，空檔愈多。聽來弔詭，實則是當我們愈覺得時間不夠，我們會愈發珍惜使用時間的效率。我在多年媒體工作以及培養多樣興趣的心得是，盡量把零碎的時間用來閱讀、記筆記，一旦啟動寫作時，便能在這些筆記裡重整細節，寫成我要的文章。

跑步也是。

以前跑步是鍛鍊身體，舒活筋骨，放鬆壓力。跑著，跑著，跑步成了追求的目標，一如寫作，我把跑馬拉松當成日常活動，把追求百馬視為未來人生的方向。

跑步本身，是可以解放身體、活絡心靈的。持續跑步，我們必然要順應運動的前提，改善作息、注意飲食，漸漸的，跑步也跟寫作很像，進入我中年以後的日常，我不停的寫、不停的跑。

寫作有主題，增廣我的視野，活絡對世俗價值的理解與超越。跑步呢？強健我的軀體，支撐使用腦力所需要的體力。此外，跑步途中與天地之間的對話，與周邊自然環境的對話，與自己內在的對話，與旁邊跑者的對話，無一不擴大我原本的生活圈。

跑步也類似主題寫作的連結效應，每一場馬拉松，無論地點路線相同與否，都會因每次我們自己狀況的迥異，而連接出大不相同的感受。我從自己在臉書上留下的貼文軌跡，便看出這既有趣也很有意義的變化。

我尤其感謝自己具備寫作的一點小才藝，感謝我對跑馬拉松培養出的小堅持，兩者在我身上巧妙的結合，於是形塑關於跑馬的觀察文章。

暫時的放下，是為未來的長久做準備

馬拉松人基本上都有一顆不太服輸的本性，既然跑了，就會想辦法完成。但又由於馬拉松人已經把跑步、跑馬拉松當作日常的一環，於是他們同時養成另一種與不服輸看似矛盾實則互補的修養，那就是「來日方長，馬場永遠在」的哲學觀，這次跑不動、跑不完，請不要硬撐。

是啊，懂得放下，才可能長久。

唯有放得下狀況不太好的這一次或下一次，以及長期不放棄的堅持下，方能累積出上百馬、上千馬的紀錄。

於我，跑馬一如寫作。

跑不動，不妨停下來，這場可以放下，但長期跑馬絕不放棄。寫累了，就停下來吧，這個段落可以放下，這一篇可以暫擱，但長期完成一本書，長期把寫作當志業，永不放棄。

人生走到一個階段，一個旁人與自己都不認為年輕的階段後，自律是必要的，綜合判斷是必須的。

自律讓我們珍惜現有、持續去做，並追求自己的下一個目標。綜合判斷之所以必須，乃因我們的年齡、閱歷，足以綜合經驗，做出適合中年以後走哪條路、過哪種生活的判斷。

寫作與跑步，養成我的自律，強化我的綜合判斷。

我累了嗎？在某一場馬、在某一些階段，我是會累；但長期來看，我的人生，不累，我是在做準備。

24

沒有勝負的「英雄之旅」

馬拉松的賽道上，
只要完成，任何人都是自己的英雄。

關於跑馬拉松，我能談的，其實頗為尷尬。跑不快，不能示範怎麼跑出好成績。時不時還被關門，總不能老是給跑馬者帶來負能量的啟示吧！

至今，我仍常問自己，為何喜歡上跑步？喜歡上跑馬拉松？這問題好回答，亦不好回答。跑步讓我從身體不好，漸趨強壯。跑馬拉松，讓我的體能未因年歲衰退，讓我「終必老化」這扇大門延遲開啟，這些，都是我喜歡跑步、喜歡馬拉松的原因。但這樣回應，似乎好像沒有對應到重點。

跑步、跑馬一段時日後，體魄增強、體力維持等好處，是跑成習慣之後才有的效應，與回答為什麼喜歡跑步、跑馬拉松沒有必然關係。喜歡跑步，不一定可以延伸到喜歡跑馬拉松；喜歡跑馬拉松，也不一定必然可以斷定會喜歡跑全程馬拉松！甚至可能反過來，導致有人不喜歡這樣的運動方式。

想了又想，也許可以這樣回答吧。我喜歡跑步，喜歡跑馬拉松，喜歡跑全程馬拉松，應該是喜歡上「跑步，做為一種隱喻」難以言詮的意義吧！

跑步，本身是一種行為，是運動的概念，跑馬拉松也是。但跑步、跑馬成習慣之餘，也會形塑出一種做與不做的選擇價值，想同樣達到運動效果，可以是打球、游泳、爬山等多樣的選擇。為何是跑步？是跑馬？而且是全馬四十二公里的選擇呢？

也許答案就在跑馬人常常安慰或鼓勵其他跑者的一句話裡吧。

哪句話呢？其實，說出來，真的再平庸不過了。

而且，有趣的是，除了跑馬的人常常講這句，不怎麼跑馬的人也會用這句話來安慰跑者。神奇吧！無論跑馬或不跑馬都會講，到底是哪一句金句良言呢？

那就是「完賽就很了不起」或「完賽就是英雄啊」！

是不是相當平庸的一句話？

不過，「完賽就是英雄」真的很適合激勵跑馬人。馬拉松動輒數百、數千人，甚至上萬人參加，其中當然會有競爭組、菁英組，甚至有人會認真的爭取分組上凸台領獎的機會。但這類菁英的占比非常之小，小到對許多跑者而言，那些菁英是神人，根本不是「我們這一國」。

可以說，馬拉松賽事裡拚凸台拚獎座的，是極少數的一群。而他們的榮耀也與一般跑者毫不衝突，不會因為他們強、我們弱，就氣餒「放棄吧，別跑了」，這就是馬拉松好玩且迷人的地方。

馬拉松賽事會公然承認：有人「不是人，而是神」！

他們飛快來去，一路狂奔，兩小時多就完賽，幾乎不吃不喝不尿不停留，來去如風，連我們一旁高喊加油也懶得理睬，他們眼中只有「成績、成績，還是成績」。

但一般跑者根本不會在意他們的狂放，因為我們不同國。

比起追求成績先後，不如尋求個人的各安其位

我們不快或偏慢，但還是會繼續跑馬拉松啊。

因為一條長四十二公里的賽道，極為寬闊，容納了神人的相互競技與凡人的自我實現。無論是在速度的風馳電掣上，在態度的各自追求上，馬拉松形塑

兩種長途競賽的價值。

跟許多競技比賽不同，馬拉松沒有「絕對的贏家」，同時也沒有「絕對的輸家」。

跑第一名、破了紀錄，很好，這當然是贏家，但有什麼絕對呢？跑在後方的數千人、上萬人，也陸續跑完四十二公里，他們只是比第一名慢而已，名次上雖是輸家，但在賽道上都完賽了。而且，他們根本沒有在與其他人比拚，這種看似「贏了名次」的贏家，其實絕對沒有贏過他們。

聽起來很弔詭，但這卻是實際人生的隱喻。

烏龜確實跑不贏狡兔，但烏龜若只是欽羨狡兔跑得快，卻毫無要跟狡兔較量之意，那何來雙方競爭比較的不悅情緒呢？

這真的是馬拉松給我的啟發。你快你的，很好；我慢我的，亦不錯。你贏了名次、上了凸台，我不行也不能，但我還是完賽了。四十二公里的賽道上，無論先後，你我都進到終點線，都完成我們各自跑馬的目標，成績先後有快慢，但彼此都是完賽者，都是馬拉松的英雄！

好，這就要回到馬拉松的那句諺語上了：「完賽就是英雄！」

很多運動都有自己的隱喻，但它們都不容易閃躲輸贏的較量、強弱的競爭。但，馬拉松卻可以。某種程度上，鐵人三項的競技邏輯，比較接近馬拉松，除了少數菁英選手競爭獎金排名，一般參賽者並不會太計較先後名次，只在乎完賽與否、自我突破與否。這些感受像不像馬拉松？

這並不令人意外。鐵人三項的來源，多少是跟馬拉松有著關聯性的。有競爭但又可以各安其位，強者可以實踐自我，而弱者亦可以同場追求自我。

馬拉松賽道像一個民主共和國，多元而並存。

馬拉松世界像一座解憂百貨公司，個人憑一己之力，各取所需，互不干擾。馬拉松還像我們定期去告解懇談的精神分析師、心理諮商師，引領我們出門，引領我們面對，引領我們告解，引領我們奮戰，引領我們放下，然後，等待下一週、下一馬，再來安撫我們不安的靈魂。

馬拉松確實是充滿隱喻的。

起跑前，天晴氣爽，會認為自己好運當頭。

起跑時，天候陰霾，會鼓舞自己這是天意挑戰。

過程中狀況連連，會坦承馬場如人生不過如此！

人生海海，各自浮沉，彷彿我聽見自己內心深處遙遙的召喚：「跑吧，我是英雄！」

25

「理由正當」的缺席，是一種幸福

跑馬拉松不該是生活的破壞者，
而是讓日常過得更好的優秀夥伴。

那場馬拉松，我沒去。

聽說不少老馬沒看到我很訝異，頻頻問常跟我一塊跑的跑友：「怎麼了？他沒來！」

「沒事，沒事，他今天安太座啦！」

朋友跑完傳訊息給我：「這樣說ＯＫ嗎？」

可以，可以，太可以了。

老傢伙了，還有什麼理由比「安太座」更能令人心服口服的呢！

那場馬拉松，我很早便報名了。若能跑，則又是一次五週連馬，我當然期待。但就在幾天前，太座突然問我：「週六有事嗎？」

（我內心小劇場的導演提醒我：「好好說話，好好回答。」）

「還好啦，一點小事。」

「什麼事？」

「欸～也不是什麼事啦！」

「馬拉松嗎？」

「欸～對，不過還好啦，不去也可以。」

（一種打從心底浮現的求生本能，提醒我先把防線做好。）

「喔，太座您有什麼事嗎？」

「也還好啦！沒關係。」

（哇，我汗流浹背，太座說沒關係就是有關係。）
「沒關係，看您有什麼事，我不去跑這場馬拉松也沒關係的。」
（我真的很少在太座面前言不由衷。）
「真的嗎？我想去看看乾媽啦，母親節到了。」
「看乾媽很重要啊。」
「是啊，可是你要跑馬拉松啊，我看算了，我一個人……」
我立馬打斷太座沒說完的話：「看乾媽很重要，一起去吧，反正下週還有一場馬。」
（斷臂求生，棄車保帥。）
「真的嗎？不跑沒關係吧？」
（聽得出，太座語氣帶了些意外的開心，但她依舊優雅而禮貌的用了疑問句。）
「沒關係啦，陪水某勝於一切。」

「那好，我跟乾媽說定了噢！」說完，太座立刻打手機給乾媽。

我在一旁咧嘴笑著。

（電話講了幾分鐘，我一旁咧嘴笑著就有幾分鐘。）

掛了電話，太座笑著對我說：「謝謝老公，乾媽很開心。」

我繼續咧嘴笑著：「我也開心啊！」

然後，就是那場馬拉松我沒去。

有時候，不跑不是失去，而是額外的獲得

聽說那場馬補給不錯，有人吃到「虎咬豬」（刈包）。

聽說那場馬當日天公作美，竟然不算炎熱。

聽說那場馬沿途綠蔭遮蔽，跑來怡人。

聽說那場馬大夥都輕鬆完賽了。我若能去，應該可以完賽的，那算起來，

應該是第六十二馬。

但我沒去，百馬繼續停留在第六十一馬，要突破，還得多等一週或者兩週的時間吧。

對一個很願意週週跑馬的跑者來說，不管成績再怎麼遜，能去一馬接一馬的跑，無論如何都是幸福的。

所以，報了名卻缺席馬場，而理由又不是因為健康或公務在身等因素的話，我會遺憾嗎？說實在的，當然不免遺憾。但話又說回來，若說馬場有如人生，跑馬拉松宛如人生的縮影或隱喻的話，那因為「某些必須重視的原因」而放棄某一場馬拉松，不也是很合理的人生處境嗎？

比方說，為了親人有事，為了小孩有事，為了太座有事。

跑馬對一個馬拉松人，是重要的。我們為了跑馬，挪開很多假日的休閒、聚會，甚至是假日的偷懶耍廢，花費大半天乃至於一兩天，跑去外地隔宿，只為大清早跑一場馬拉松。然後，再頂著完賽的疲憊，從外地搭車或驅車，甚或塞車著再趕回家，洗澡、洗衣、整理行囊，再跟分別大半天或一兩天的家人吃晚餐閒聊。這種「跑者的幸福」，或者說「跑者的日常幸福」，我相信是很多馬拉松人感念在心的幸福感。

我們感謝老天給我們一個健康的身體。

我們感謝自己維護了一雙未受傷的膝蓋。

我們感謝家人讓我們週休二日可以為了跑馬而出門。

我們感謝另一半替自己擔心，卻又恩准自己一場接一場的跑下去。

「跑者的幸福」完全來自於日常裡跟周遭世界的和諧，周遭世界一旦出現任何雜音，不論是質疑週週跑馬所為何來或根本不屑後段班的成績價值，說真的，我們便不可能體會到「跑者的幸福」，反倒可能是「跑者與世界的疏離」。

所以，那天我沒去跑那場預定該去的馬拉松。

但我一早便在幾位跑者的臉書上，回應他們賽前的齊聚。更在他們於賽道上發照片、貼文稱讚補給或彼此相互打氣時，寄上我的讚賞或加油。我難得是個旁觀者，但我懂他們在賽道上的汗水。我是個內行的旁觀者。

那個早上，我只在住家附近繞幾公里小跑，風輕輕吹，陽光不算炙熱，晨運的路人三三兩兩。沖過澡、洗衣服，在洗衣機旁看那場馬拉松朋友的臉書。接著，太座起床，我們吃早餐。然後出門，在路上預訂外帶餐。拿了菜，去乾媽家，看到長輩笑瞇瞇的開門迎接我們。

我坐在餐廳，看太座與乾媽閒聊笑談，心裡雖然也偶爾盤算「這時間我大概跑了多少公里」、「再過多久我大概也會完賽吧」等內心小劇場。

但我依舊開心，看見長輩因為我們記得節慶來探望，而露出宛如燦爛陽光的笑顏，看見太座因為「我們一起」的孝親活動，而從美麗臉龐上傳遞稱讚笑意（覺得這惱公還是孺子可教也）。

這不也是一種日常的幸福嗎？

馬拉松人是該有賽道上四十二公里，漫漫長程的堅毅與孤絕，才得以一場接一場的撐下去，並樂在其中。但馬拉松人回到日常生活，如果不能跟周遭的關係維持一種進退得宜的互動，那我們的堅毅不免成偏執，對賽道的美學堅持不免成狂傲，恐怕對馬拉松文化或馬拉松精神，都不會是很好的示範。

偶有些賽事，我們在去與不去之間，遇到與其他關係的衝撞時，「選擇不去」也是為了長遠能繼續奔馳馬場的抉擇。

26

請記得，給自己「放個暑假」

跑馬的賽事限制，
讓人再度體會到「放暑假」的充電與衝勁。

一年四季，想運動，隨時可以出門。
即便下雨，去運動中心、健身房仍可運動。
想運動，心念一動，即可行動。

但馬拉松跑者，我想，一年應該是分兩季吧！
中間界線，無疑是「放暑假」。

而且，真的是「放暑假」。

去看運動網路平台「運動筆記」或「跑者廣場」，大約六月起直至八月底，賽事大量減少。間或有些賽事，亦都屬短程，頂多是半馬，但場次屈指可數。

原因在於台灣的暑期真的太熱，端午過後的六、七、八月，暑氣蒸騰，坐在家中看書都汗流浹背了，何況出門到戶外運動！尤其全程馬拉松動輒幾小時，豔陽下曝曬，很是違逆身體狀況，賽事少，很合理。

所以，當我跑完五月份的幾場賽事後，離開會場時總會聽到跑友互相道「暑假快樂」、「下半年見」之類的祝福語。

每個人對賽程的規劃不同，有人五月只挑個一兩場跑，跑完就「放暑假」，當然很早就對其他跑者揮揮手，說下半年見。

也有跑者如我，跑不快但很愛跑，盡量一場接一場，可跑就跑，於是我的暑假放得比較晚，要拖到六月中旬。甚至，還拚命在賽事資訊上找尋七、八月還能跑的賽事，偶爾看到一兩場就興奮莫名，彷彿炎炎夏日裡看到一兩處沙漠綠洲一般，期待的奔過去。

我當然知道，另外有一群跑者已經「進化」到跑「自助型」的超馬賽事。人不多沒關係，補給站零星沒關係，只要有賽事，補給自己帶，路上找小店，週末假日就自行出門跑了。

說真的，那真是要「進化到」超馬型的跑者，才得以領略其中樂趣，像我連補給站正常分布的一般馬拉松，都跑得人仰馬翻的後段班，還真是連想都不敢想。

這類型的超馬賽事，不求人多，有多少人出賽都可以進行，於是，就有一票不怕暑氣逼人的跑者，敢於在炎炎暑假裡照樣出賽。

我想對他們這群超馬跑者，是無所謂「放暑假」的吧！但為數更多的跑者，「放暑假」無疑還是調節自己一年賽事規劃的中介點。

時序六月，馬拉松跑者都知道開始「放暑假」！於是有人會出國找天氣適宜的馬拉松跑，有人會藉此機會好好休養雙腿雙腳與十隻腳趾頭。有人會另外尋覓超馬賽程，有人轉往鐵人三項藉機練習騎車或游泳。

我呢？四處打聽有沒有小型的賽事可以跑（還真的有呢）？

所謂小型賽事，是跑者頂多兩、三百位，有時可能百來人。為了精簡人力、成本，通常都是折返個七、八、九圈的賽事，號碼布不郵寄，到現場親領；自備環保杯；沒有專場的跑衫；賽事晶片也有意思，多半套在手腕上，方便重複折回起跑點時伸手腕打卡；而另一端的折返點，則是人工操作，在你號碼布上打個勾，來回七趟就七個勾勾，來回九趟就九個勾勾，好玩吧！

而這類賽事，完賽後都沒有獎牌。

但我依舊會去，只為了繼續跑一場全馬。

我在追求百馬目標後，「放暑假」找小型賽事，便成很大樂趣，能在六、七、八這三個月裡，找出幾場全馬跑跑，我便有自己的「暑假作業」！

中場休息，盤點過去，放眼未來

這幾年漸漸把「完成百馬」當成自己跑步的一項目標後，我開始注意怎麼規劃上下兩季的跑馬。

上下兩個賽季，我各有一場必定追求的挑戰賽，上半季萬金石馬拉松，下半季台北馬拉松。兩場都是萬人挑戰的大賽事，不好報名，要看抽籤運氣。即使抽中了，也壓力大，兩場賽事對後段班的我來說，必須全程很ㄍㄧㄥ（狀態很緊繃，須硬撐且堅持下去）！

三、四小時可以完賽的人，或許不易聯想為何我們後段班跑萬金石、跑台北馬很吃力。

這樣說吧，我若最快在五小時多可以完賽，跑一般的六、七小時的賽事，算綽綽有餘，但碰上萬金石馬、台北馬，準時五個半小時、五小時四十五分關門，若當天狀況不好或天候超出預期，比如三月天的萬金石變很熱，或十二月天的台北馬成暖冬，那跑在邊緣的人感覺便「很刺激」了，往往刺激到不敢上廁所，不敢多喝水！撐到終點，往往一副強弩之末。

但上下半季，選這兩場指標性賽事當目標，如同兩個座標一樣。在萬金石馬之前，每場賽事都像暖身操，一場接一場把自己推向最佳狀態；下半季，台北馬之前，每一場賽事也都似訓練賽，即使給的完賽時間較充足，也會在心底鎖緊鏈條，愈靠近台北馬，得愈加快身體與心理的建設。

然後，那天一到，全力以赴，衝、衝、衝。

而那之後呢，我當然不像那些菁英級高手，轉戰其他國家的菁英賽事，我只能回到日常，日常工作，日常生活，日常跑步，日常發呆，日常勤奮。

但我也很不一樣了。

我將是一個上半季能完賽萬金石馬，下半季能完賽台北馬的跑者了。

那不一樣的「感覺」，說穿了也沒什麼了不得，每年有多少人能完賽這兩場賽事，不是嗎？但對一名跑者的自己而言，完賽萬金石馬，克服台北馬，就好比在人生履歷表上，填下某所大學的學歷、某家企業的經歷、某種專業的證照一樣，沒錯，別人也有，但自己「總算也有了」。

這是馬拉松賽事最迷人的地方，別人強沒關係，自己很弱也沒關係，馬場上容納不同程度的跑者，只要能完賽，紀錄上便是一馬，無須告訴他人，每一場馬是幾小時幾分鐘完賽、第幾名等，只須衝進終點，完成那場賽事，我們就完成了自我。

跑馬拉松，到底有什麼意義？！

我想，某種意義就是我們不知不覺的，改變了自己。

變黑，變壯，變意志堅強。

變得可以穿跑鞋跑馬，亦可穿夾腳拖跑馬。

變得每天不跑幾公里，渾身不對勁。

變得寧可少睡幾小時，也要摸黑出門去跑。

變得自己身體內在湧現了與之前完全不一樣的動能。

那動能驅使自己，往前跑。

我的一年不再是四季分明，我的一年是上半季完成多少馬、下半季完成多少馬，而後百馬紀錄又將在幾年內實現！

我，真的不太一樣了。

不跑馬，入了社會多年後的自己，大概是不會說出「我要放暑假了」這句話。

27

尊重身體，才有能力發揮自己

馬場上的人生觀，
無關乎快慢，而是在於完賽與否。

跑馬跑久了，總有人好奇：「『馬拉松人』有什麼特質嗎？」可真難回答。

或可說，不容易用一句話概括。

如同任何領域，每個領域的特質，基本上都可以容納多種人，馬拉松不也一樣嗎？但，若要大略描述馬拉松人的話，我會說：「馬拉松人普遍都有誠懇務實的特質。」

這描述，還可以進一步詢問：

「是跑馬的人，天生具備這特質呢？」

還是，「一旦跑馬，便必須養成這樣的特質？」

這問題很有意思。

我一直在跑，一直在觀察，也一直在思索。

我必須說，馬拉松人是「必須要具備」誠懇務實之特質。因為馬拉松全程四十二公里，必須一步、一步的跑完，哪怕最後一百公尺前放棄或差幾步被關門，我們就不能說：「我完賽了！」

所以能怎麼辦？

通常，哨音一催，只能向前，毫無懸念的向前。在向前的路上，我們可以快速，但憑個人本事，旁人不會忌妒，只會讚嘆、只會羨慕。我們也可以慢慢來，但不能慢到被關門，有些跑者成精，硬是可以邊跑邊玩耍，玩到關門前一剎那，跑進終點線！那也是他們的本領，一如人世間有人拚命向前，像孔子、孟子；有人呢，則玩世不恭，一派逍遙，宛如老莊哲學、道家思想。

但不管你抱持怎樣的人生觀，上了馬場，沒有人是準備棄賽或被關門。也就是說，馬拉松態度就是要跑完、要完賽，棄賽是不得已，被關門是無奈，至於跑快跑慢，對追求完賽的精神來說，齊一也！

於是，真正的跑馬人是不會作弊，也不該作弊的。

因為作弊跑出來的成績，就不會是自己的成績，拿著非自己的成績去炫耀，除欺騙世人外，真能騙得了常常共跑的人嗎？能騙得了朗朗乾坤高高在上，一路緊盯自己的「馬拉松精神」嗎？

是的，一點也不誇張，我認為跑馬拉松的人，普遍心中都仰望著「一座無私的馬拉松精神座標」，跑慢跑快無所謂，前提是要自己去完成。

「自己・去・完成。」

這五個字包含一個主詞「自己」，一個動詞「去」，以及被視為受詞的「完成」。

主詞「自己」很明確，當然是指上了跑道上的每個人——我們自己。我們可以群跑，熱熱鬧鬧，但沒有人可以幫其他人跑完。我們也可以一個人享受孤獨跑之樂趣，完賽點上也會迎來朋友或陌生加油者的掌聲，然而我們仍須自己完賽。

動詞「去」意思清晰。不前往跑場、不從起跑線上出發、不經歷每個補給站、不聽到晶片刷卡聲、不承受體力的消耗、不奮進「堅持下去吧」的意志，不跑進終點線……，沒有這一串的連續動詞狀態，就無法享受最後的受詞「完成」。

所以在這個「自己去完成」的句子中，擔任最後一個受詞角色的「完成」，對一位馬拉松跑者來說，是多麼多麼感人的詞彙啊！

我們必須咬緊牙關，撐住瀕臨崩潰的體力，在愈來愈逼近終點的前面幾公里、最後一公里或僅剩兩、三百公尺前，告訴自己：「我即將『完成』！我即將完成四十二．一九五公里的一場全馬了！」

完成是目標，完成將實踐我們跑者人生的「加值意義」。

此時想哭嗎？或想狂笑嗎？

都很合理，想哭想笑盡情宣洩吧！因為我們「自己．去．完成」一場馬拉松了。

沒作弊，沒取巧，在時間的限度內，將自己發揮到極致。

在求「成就」前，應該先「完成」

我雖跑得慢，但愈來愈能理解「破PB」的意義。唯有透過「自己去完成」的體悟，我們才能明白，馬場上成績一次比一次進步所具有的意義。

那是超越自己，超越此刻的自己，去發掘自己內在可能的新意義。只要跑者尊重自己的身體，不勉強身體所能承載的極限，自能享受「破PB」的樂趣。跑者狀況若好，不妨測探極限；狀況若差，則試圖維持基本底線。無論怎樣，身體是自己的，跑者靠「身體」支撐日常生活，實踐人生的意義，也靠「身體」追求並不在人生日常生活裡「額外的」馬拉松目標。

「額外的」馬拉松目標，於我們跑者、於我們人生，到底該怎麼看待它呢？

不跑步的人，難以欣賞跑步之樂趣。只把跑步當一般性運動，而非日常生活裡刻意追求的目標，也無法理解「追求百馬」、「追求千馬」的跑者，其心態的藍圖為何。

但「額外的」形容詞，有助於認識馬拉松人的特質。

我們可以在下班後只待在電視機前、在串流平台上打發時間，也可以去閱讀、去進修，這是「額外的」目標，會帶來「額外的」價值。

選擇在舒適圈過日子，自食其力，不偷不搶不貪不汙，沒人可以講閒話，但為何有人選擇摸黑出門，日曬雨淋的花上幾小時，汗流浹背、氣喘吁吁的跑上四十二公里，何苦來哉呢？

出門跑馬拉松，絕對不會是我們「分內的」必要，除非是馬拉松選手。於是，這當然是我們「額外的」選擇、「額外的」目標，但它會不會為我們帶來「額外的」價值呢？

我想是會的。

我躺在床上，抬起腿。經過這麼多場馬拉松後，我發現兩條大腿變得結實，用拳頭敲它，硬梆梆的。

我回想大學時，每天跑操場不過十幾圈，湊它五千公尺，如今隨隨便便可以跑十公里、二十公里。

由於跑馬拉松，我結識很多完全料想不到的新朋友，一條跑道千百人生，讓我的寫作延伸到馬拉松的世界。

馬拉松無非是一條路況不一，距離一樣的賽道，卻容納千奇百怪的靈魂，但他們都安安靜靜的，遵守一條定律：自己的路，自己跑；自己的選擇，自己去完成。

馬拉松人有什麼特質嗎？

有的，他們尊重自己的身體，倚靠它，一步一腳印，誠實的追求終點線，達到平凡人生的某一種「完成」。

輯三

都是風景，陪跑的可愛地方與人們

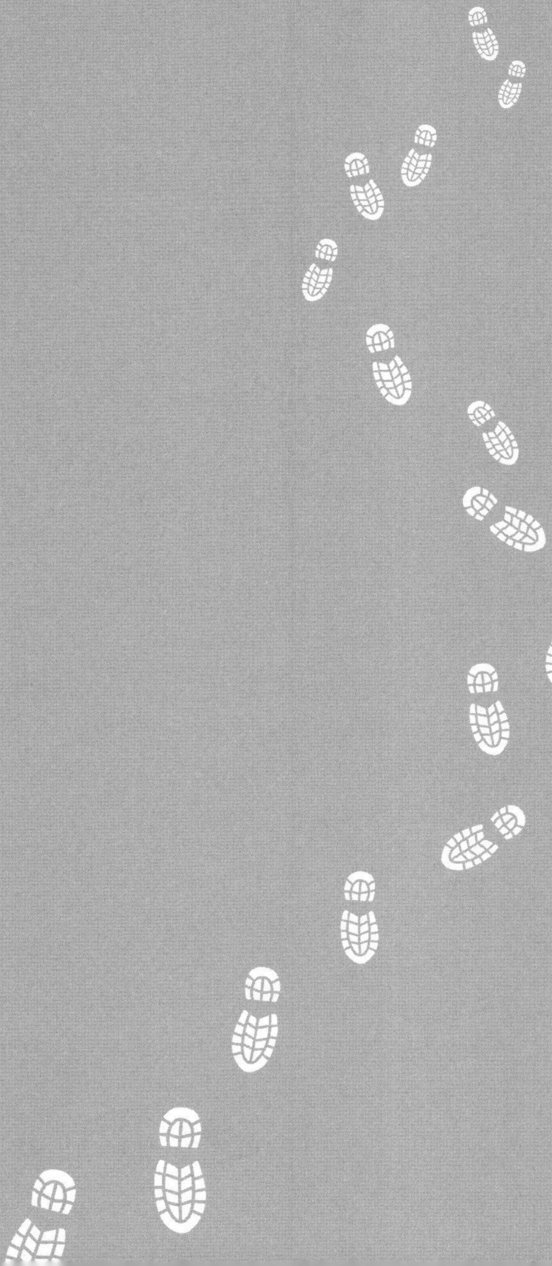

28

挖掘習以為常的美好

練跑在住家附近的山腰轉折處，
我年年期待迎來四月雪。

四五月天，季節遞換，氣候很不穩定。有時冷的像冬天還在纏綿，有時則彷彿夏天急著出來。跑在戶外，這感受特深。

清晨出門跑步，畢竟已不是冬天，我不再穿著長袖跑衫，僅有短衫外罩一件薄薄的運動風衣，熱了脫下來繫在腰間。

戶外練跑，風涼脾透開，格外清醒。

住家附近的淺山生態豐富，路上隨便相遇，都是搶著在清晨露臉的生物。有些我慢慢認得，有些老是記不住，但憑聲音我也能分辨哪些鳥與另外哪些鳥是很不一樣的。

在山腰轉折處有幾株油桐樹，年年四五月間，就要與它們相遇。大戟科，名稱太專業了；油桐花，不覺得浪漫多了嗎！

小時候，我在外公外婆的家附近看過很多。年歲稍長，才知道那是客家族群的集體記憶，是昔日「開山打林」，在貧瘠的丘陵地帶適合種植的經濟作物。

有些客家聚落，像苗栗台三線沿線一帶，有時是成片成片的油桐樹，油桐花季一到簡直美到不行。站在樹下，望著油桐花落，有點日本櫻花樹下的幻覺，不過花色換成白花花的一片片罷了。

跑去跑回的歲月消逝，樹猶如此

這天清晨，我沿日常的跑步路線，聽著喘息聲規律的在山徑上敲打心肺。一個轉彎，抬頭驚見四月雪！

真像下雪！

我跑到樹下抬頭觀察，油桐樹長在山坡上，樹根應該紮得很深很廣，才撐得住從斜坡一路往上攀爬的樹幹吧！油桐樹一般可以長到八、九公尺以上，如果幾棵連串，遠遠望去白茫茫更為好看。

花落時節，風若吹拂，雪便一落落灑下。

我更喜歡無風時，油桐花一朵一朵，隨機落下，那是一種生活禪，不由言說只得心領。

一朵白花旋轉般的無聲飄下，落在地上成片的浪花裡，當車輾過，一切復歸於土，宛若人生，宛若自然。

這一天，我跑了十公里。去時，經過這幾棵油桐樹；回程，也經過這幾棵油桐樹。樹在那，不知已過多少年，雖已不是當初種植它的主人所期待的經濟作物，然而它兀自挺立，恃才傲物般的活著，每年四五月間，像雪一般的落著，等我跑去跑回。

我想，當有一天我不再能跑的時候，我會想念它像雪一樣無聲的落響，見證我在中年以後，落腳於木柵山腰處，當了父親然後老去，回眸裡浮現兒時於客家聚落見過的許多美好。

29

跑進郊鎮裡的鄉間野趣

假如沒有跑馬，
我不會來到郊鎮，體會鄉野樂趣與歷史足跡。

• • •

是在高興什麼呢？
我翻閱手機相簿裡多張與馬拉松跑友們的動態合照（所謂動態，是在賽道途中或接近終點的群跑畫面）。
總之，就是很歡樂的樣子。
那些跑友，不少都是有能力跑快的，四小時前後完賽不算什麼，五小時左右跑完仍可臉不紅氣不喘。但他們常常不經意的，陪我在後段班晃來晃去，一晃常常是五、六個小時之間。

說他們心地善良，不忍看我一人踽踽獨行，是沒錯；但說他們一路享受跑步之野趣，或許更為準確（我用的字眼是「野趣」，不是「樂趣」，請注意這差別）。

跑馬拉松當然要享受其中之樂趣，不然誰會沒事發神經來跑一趟四十二公里的長征，時而曬得半死，時而凍得半死，而且不管冷熱，都必定累得半死！然而，要懂得跑馬之「野趣」，還非得是跑馬成精、跑馬成日常的跑者，方能得知野趣之美。

台灣的馬拉松，鮮少是完全穿梭在市區裡，多數是在城市的郊區或小鎮、小城裡起跑，且路程往往都環繞在鄉間的淺山裡或河岸邊。

這便是我說的「野趣」，鄉野間的樂趣。

有時跑著跑著，一兩隻家犬突然竄出吠叫，嚇人一跳！我為何明確其為家犬，而非野狗？

跑多了鄉野間馬拉松，自會知悉家犬與野狗的區別。家犬似乎是護駕成習慣，只要有人車逼近住宅，就本能的亂吠一通。而野狗呢，江湖見多了，任何人車都懶得搭理，甚至會雄踞路中央，任由行路者穿梭過牠的兩側而處變不驚。我們快牠則慢，跑者足聲雜沓，野良犬呢，卻悠悠的、懶洋洋的，曬牠的太陽，睡牠的懶覺。

家犬是護城武士，張牙舞爪；野狗是曠野哲學家，洞悉一切。

鄉間裡的馬拉松，野趣當然不止野狗與家犬分別的判定樂趣，遇見鵝，看見雞鴨，聽聞豬隻嗷叫，嗅感動物排泄物氣息的機會，亦常讓來自城裡的跑者大為驚豔。

我曾在台南跑一場大亞馬（大亞集團所辦的馬拉松）時，經過綠蔭滿山的左鎮。濃密的樹蔭間，炊煙裊裊，狗吠加雞鳴，彷彿老子筆下「小國寡民，雞犬相聞」的魔幻世界。接著，當看到「歡迎光臨左鎮」的標示時，一段來自書本上的記憶頓時躍入腦海：「啊，這裡就是考古發現左鎮人的地方啊。」若非跑馬拉松，我很可能不會踏進來這裡。

這便成為我生命裡頭一次也是目前為止僅有的一次，踏入左鎮的經驗。而且是沿著左鎮區域，一步一步腳踏實地的跑過。

鄉間的跑步野趣，有時也來自於日常生活領域的擴延。

我在跑新店香魚川馬時，才算真正一步一腳印的深入到翡翠水庫上游的集水區。陽光耀眼，汗流涔涔，但湛藍的集水區，宛如珍珠項鍊一般，閃爍出串串的光芒。

那過程也滿夢幻的。

明明跑得氣喘吁吁，可當跑進台電在那附近的發電設施，便宛如跑進歷史隧道一樣。如果不是跑馬，我大概不會有機會跑進一九〇七年誕生的小粗坑發電廠。我站在它前方，一邊喘氣一邊沉浸於歷史的想像，水流湍湍，日光耀耀，個人多渺小，歷史多浩瀚，但我們努力過的都將只是大歷史的一部分，不是嗎？也許只是微不足道的部分，但我們拚盡全力。

我先後去過大湖草莓馬不下三次。一次與妻小一塊去，兩次自己去。與家人去，像旅行；自己去，純跑步。跑在山路上，坡度陡峭固然辛苦，可是從高處向下眺望，田野平疇，樹木與草地相互疊套，景觀確實怡人，這完全不是跑城市馬拉松所能體會到的鄉野美感。

最令我深刻印象的，莫過於有一回跑進山上向下望，友人告訴我：「那裡就是鯉魚潭水庫，都沒水了！」本應汪洋一片的水域，僅剩涓涓細流幾條，以及露出水面變成龜裂土地的大片水庫沿岸。後來水荒緩解，我再去跑馬拉松時，所見已恢復成漾漾水庫應有的面貌了。

若沒有這種多次跑在鯉魚潭水庫沿路的經驗，我不可能看到水庫榮枯的兩種對照，這不僅是跑步的野趣之一，甚且是體悟生命際遇的某種隱喻吧！

對後段班來說，享受過程遠重要於結果表現

城市馬拉松往往受到交管的限制，有大半段會移往河堤。河堤內相對單調，但可見到親子騎車、民眾跑步、棒球場比賽與籃球場鬥牛，還有熟齡族群的槌球聚會，說真的，也是跑馬人難得的市民體驗。

而且沿著河岸，我才驚訝：「原來雙北之間，很多橋啊。一座接一座，連著跑一橋過一橋，不自覺就到了關渡，接近淡水，實在有趣啊！」

清晨起跑，淡水河往往退潮，裸露出的河床上成群鳥兒覓食，景觀十分迷人；等到我們這些後段班跑者再折返回來時，潮水已漲，清晨見過的河床被滿潮的河水掩蓋。我在回程的路程上，往往被這一前一後的景緻給吸引，這大半天河岸變化的野趣，大概不是兩、三小時跑完全馬的朋友所能感受的。

其實，前段班跑者最不能了解後段班之野趣，應該還是在鄉野之間跑馬拉松時，沿途搜尋小雜貨店，買啤酒、咖啡，喝保力達B、飲蠻牛的歡樂。

我也是跑過多次馬拉松、喝過多次跑友遞向我的那些飲料後，才摸索出要在腰包裡放些零錢，不是以備不時之需，而是以備「時時之需」的台灣跑馬文化。

台灣便利商店的密度之高，堪稱舉世無雙，不過，在淺山裡跑馬，不一定能找到便利商店，但在小徑旁、村落中、鄉道上，肯定有那種小時候見過的小雜貨店，即便沒有雜貨店，別擔心，也很容易遇到檳榔攤兼賣伯朗咖啡，甚至還有結冰水。

不知為何，鄉下的小店家、檳榔攤，絕對少不了伯朗咖啡、維大力、蠻牛之類的飲料。若非跑馬，而且是鄉野間的馬拉松，一年半載的，我也喝不到一瓶一罐這些飲料！

這些體驗，可是在台灣跑馬拉松的野趣呢！

讓我來回頭解釋那些照片裡，為何大夥跑起來這麼開心吧。

原因八成是，在路上我們欣賞了美景，被家犬吠了好一段路，在一家小雜貨店喝了冰飲料，然後一路嘻嘻哈哈，趕在關門前，一起踏進終點線。

人生悠悠，很多事要拚、很多人須應付，唯獨跑馬拉松，尤其是後段班的馬拉松，我們無須在乎成績，只需享受過程。

30

人生有上下坡，沒人能一路緩行

上坡艱辛但看得到盼頭，
真正難行又精采的，其實是下坡。

因為跑馬，我去到不少平日不太會去的地方。

台灣一年好幾百場馬拉松，一些馬場高手會以拼圖的概念，把台灣各縣市（包括離島地區）所有的馬拉松都跑一遍。

如果沒有馬拉松，沒有跑馬拉松的意念，我們或許不一定有機會，穿越日常，去到不少在日常旅遊地圖上「不容易想到」的地方。

這是專屬跑馬人的意外驚喜，不屬於原先預期的收穫。

或許，我較感性吧。我常在旅遊途中，為那些從未去過且當下也僅是「路過」的地點，莫名其妙的興起情緒。說不上傷感，就是感到時光浩瀚、世界很大，而我們不過是短短數十寒暑的生命，所能經歷的人事、所能走過的地圖是那麼樣有限，於是引發出的惆悵！

旅途所經過或短暫停留的小鎮、小城與小村落裡，那些迎面走來笑盈盈的女子，甩頭露出帥氣姿容的男孩，看起來故事很多的老人家，小店裡飽經世事的老闆，街邊天真無邪歡笑揮手的小孩……

這些鏡頭都令我有感，但也只有那麼一瞬的有感，一切就往身後遠去。

速度，對，是移動的速度，把許多有感的觸動迅速移除，太快的移動，太快的消逝，我們還來不及醞釀真正的情緒，一切就都隨新的場景、新的畫面而逐漸遠去。

我常常是在跑馬拉松時，腦海中會跳出許多過往所留下的毫無關聯畫面。說「留下」畫面，其實也不精準。我並沒刻意記下，只是莫名的在某些跑動的過程中，它們便插入我的記憶硬碟，亮在螢幕上。

跑步，能讓人腦海清明，這是馬拉松迷人也令人疑惑的特質。

明明軀體用力擺動，腦袋卻像懸盪於高處而猶能維持平穩的一罐透明液體，在左右前後的韻律中激盪著思緒與感情，跳脫被日常包圍、被壓力煩惱、被「我必須是誰」而包裝的那種狀態。

我於是感覺自由了。

在一次坡度變化很大的馬拉松賽事裡，我在連續幾段上下坡後，來到一條遠遠望去又長又陡的上坡，本來滿是氣餒，但我對自己說：「有什麼好難為情的，就用爬的吧，怕什麼！」

我當然沒用爬的，但每快走幾步便須停下喘氣，喘完氣，再繼續往前爬幾步，一段一段的，終於來到那場馬拉松海拔最高的地方。那之後，便是連續下坡了。

從制高點一路下坡順行，我張開雙臂，感覺自己是一隻鳥，很胖很老的鳥；我邁步往前，風一陣陣吹拂過來，陽光耀眼，我心自由。再剩不到十公里就到終點了。

我從來沒到過這裡，朋友名單中也沒有任何一位與這裡有關聯。但我一邊跑，腦海跳出其它毫無關聯的小城、小鎮、小村落、小店家的記憶，如同音樂MV中閃爍跳躍的畫面，無意識卻多少暗示著有某些牽連。而最遠的畫面，竟然是旅行新疆時，某處我們下車吃午餐的村落裡，包裹頭巾、手腳俐落的回族店家老闆娘在爐灶前做飯的鏡頭。

這是剛才我喘不過氣來時，途經那家小雜貨店觸發的聯想嗎？

我又憶起，彷彿是在印尼旅遊時，穿過一片熱帶雨林，歇息在一座橡膠園前，主人端來一顆冰鎮過的椰子，插入吸管，吸入第一口，便心涼脾透開的睜大了眼睛，而兩隻主人養的獵犬俯伏在地，我仰頭，穿越椰子林梢，望著陽光，心想：「我應該不會再來這裡了，要記住它。」

但我終究忘記它在哪裡，可是又沒有真正的遺忘。不然怎麼會在台灣靠近中部的一座山間小鎮裡，又觸及這些沒有被刻意記得的記憶呢！

生命的旅途中，祕境開啟我們探索的渴望

跑步，可以是一種冥想的境界。

我是在多次跑馬後，領略這層意境的。我有時會想：跑馬拉松導引思緒進入一種接近冥想的國度，會不會跟某些宗教嘗試以苦行或苦修，來達到忘我或冥想之意境的道理，是相通的呢？

愈是這樣想，我就愈注意，在馬拉松後段，尤其是最後十公里的前後，許多明顯陷入意志與體力相互糾結、拔河、爭鬥的跑者面容，那真是呈現出

苦行僧、苦修士一般的堅毅面容。

夾雜著，痛苦；夾雜著，堅持；夾雜著，承受；夾雜著，解脫不遠；夾雜著，我必贏之；夾雜著，苦盡與甘來的期待。

幾個小時的行程，我若在旅途中，大有可能是在車行韻律中打瞌睡。但幾個小時的跑馬，請放心，絕對不可能打瞌睡，我們會下意識從陳列於人生倉庫裡的記憶箱匣中，隨機的挑選能安撫長程馬拉松中疲憊靈魂的場景。

不跑馬，我不一定有幾小時可以冥想。不跑馬，令人很難想像，在肉體的操持、訓練中，竟然可以維持心靈之單純與思慮之明澈！

那是不可思議的一種境界。不管我們各自有怎樣的人生態度，不管我們在世俗評價中具何等的位階，不管我們對現在的自己滿意與否，一旦迷上馬拉松，一旦迷上大清早摸黑出門，迷上在人聲嘈雜的起跑點前熱身，迷上哨音催起熱血沸騰，迷上一公里一公里的累積向前，迷上半馬以後的堅毅不屈，迷上最後十幾公里與心魔的糾纏，迷上記憶與回憶不斷交錯提醒的往昔，也就等於迷上馬拉松，迷上了迷上馬拉松以後不一樣的自己了！

是的，不一樣的馬拉松都有它們觸及地方祕境的安排，我們跑，於是認識許多祕境小道。但我更著迷的是，我們不停的跑，在馬拉松的賽道上，上坡下坡，轉彎，再轉彎，我們找到通往自己內心深處，最靜謐的心靈祕境。

那是在汗水、疲憊與疼痛中交織出來的，人生不可思議的美麗境界！

31

面對厭世長坡，要用跳恰恰的舞步

亂唱就和轉念一樣，
換首歌，就有不一樣的力量。

• • •

不知是不是每位跑者都類似，在漫漫四十二公里的路上，我常常「胡思」也「亂唱」！

亂想是常態，不然怎麼熬過漫漫四十二公里呢！何況，台灣各地很多馬拉松，根本是在淺山的產業道路上盤旋上下，動輒海拔上升千把公尺的家常便飯。

不胡思，不亂想，真的會更辛苦。

但我說的是胡思與「亂唱」。

我本來也沒太注意自己不時會「亂唱」這件事。

女兒高三畢業前，必須參加自行車車隊環台一圈。

練了幾個月後，在一大群爸媽甚至爺奶的簇擁加油聲中，女兒夾在一群同學中魚貫出發了。

我們本來滿擔心，嬌嬌女，一圈台灣繞下來，吃得消嗎？

女兒熬過來了。

問她：「那些九彎十八拐的上上下下，沒從車上掉下來嗎？」

她說當然沒有！

「那沒有騎上坡騎到很厭世嗎？」

她說當然有！

「那怎麼辦？」

「就一直唱歌啊！」女兒說。

有人唱，大家就跟著唱，一路唱，這樣就熬過了。
是啊，厭世時，就該唱歌啊！
很厭世時，就更大聲的唱歌啊！

跑馬場上，是有跑者戴著耳機聽音樂，更有跑者乾脆把音樂外放，自己聽，沿途擦肩而過的，也順便不得不聽。

粗略印象我聽到的音樂，以高亢的搖滾樂最多，動感的台語歌也不少，抒情華語流行音樂偶爾有，但真的從未聽過古典音樂交響曲，若有，大概會太震驚跑者吧！

我也從未看見聽音樂的跑者，會跟著哼唱的（也或許我剛好都沒聽到吧）！不過，我相信在跑者心中，應該會時不時的被音樂所牽動，在心頭跟著哼。

但為什麼跑馬要聽音樂呢？

這就涉及馬拉松漫漫之旅的本質了。

就像我們一夥人去長途旅行，上了車，放好行李，大夥興奮的東拉西扯，亂聊一陣。然後，話題開始繞圈圈，人也聊得有些疲乏了，於是，便自發性的沉默下來，或打盹或發呆，或望向車窗外。

長程馬拉松差不多就是這種感覺。只是馬拉松跑者畢竟人在路上，一步一腳印，由不得打盹，卻可以發呆低頭默默跑，或望向四周的風景。

聽音樂的好處，應該是既可以減少跟人聊天的分心機會，也可以藉音樂調適自己在路上的單調。

我從未嘗試邊聽音樂邊跑步。

不是怕麻煩。以前戴隨身聽，可能是麻煩些，但現在進步到手機直接藍芽傳輸，根本不麻煩。

所以不是麻煩與否的問題，而是我喜歡胡思亂想，沿途亂看風景，且不時跟人打招呼或被打招呼，然後隨意聊幾句。

有音樂或許可以打發一些跑步的單調，但音樂亦可能阻斷我自由亂想的隨興。畢竟音樂有引導的效果。

可是，我確實是會時不時哼一些歌曲的。

為何我會說胡思「亂唱」呢？

現在跑馬拉松，我們都是自動自發的，不像年輕時當兵的演習行軍是被動員強制的，所以在急行軍過程中，雖會以唱歌來激勵自己，但很抱歉，那是班長、排長、連長在動員歌唱。歌單裡，決不會有伍佰的〈你是我的花朵〉、告五人的〈在這座城市遺失了你〉，而是演唱者難考據的〈夜襲〉、〈九條好漢在一班〉。

而且，那種行軍途中的唱，不僅不是「亂唱」，甚且是意識情緒的動員，當兵經歷過就算了，我不會再想來一次！

跑馬拉松是我們人生自己選擇的「吃苦當呷補」，沒有人動員，我們也享受自己選擇的肉身煎熬。

跑馬拉松的「亂唱」，是被觸動的。

一樣的路，換個腳步節奏，就能踩出不一樣的心境

我有次在爬坡到極端厭世時，突然「被刷卡」[4]，但刷卡前，先聽到一首我這年紀再熟悉不過的台語歌——陳小雲的招牌〈愛情恰恰〉。

「繁華的夜都市，燈光閃閃爍，迷人的音樂又響起，引阮想著你……」陳小雲邊唱邊扭動練過瑜伽的翹臀。

我跟著哼了，但時間不長。

刷我卡的中年跑者，放著音樂，低頭小跑。「愛情的恰恰，袂當放袂記，心愛的佇陀位……」然後便棄我而去，很快越過前方的上坡了。

但我感謝他。

我踩著愛情的恰恰，想到費玉清主持的電視節目裡，他模仿陳小雲翹臀唱《舞女》的模樣，忍不住笑了。

我笑了一公里多吧，熬過那段上坡，跟著愛情恰恰的腳步，跟著陳小雲的翹臀，跟著費玉清那有顏色的笑話。

跑馬拉松時，人怎可能依照自己的意志，想自己的話題，唱自己的歌呢？能做到的都是前段班，他們意志堅定，步伐堅定，韻律堅定，體力堅定，但很抱歉，這些對我這後段班來說，完全都沒有！我有的是普通的意志，脆弱的步履，混亂的節奏，不太好的體能。

但，我很會胡思，很會亂想，很會亂唱，這就是我吧，我之所以是我的存在的原因吧！

---

4 馬拉松賽道上，當後方跑者比前方跑者速度要快，往往會從旁超越，如果超越時相當貼近彼此且快速通過，這樣的動作便稱為「刷卡」。

我愛馬拉松，我愛在賽道上，時而可以與人同甘，時而可以與人共苦，時而可以東拉西扯熬過路程，時而可以低頭握拳奮力獨行，這都是馬拉松一條賽道上可以先後穿插交錯的體驗，猶如人生，就是人生！

就像女兒離家去遠方讀書後，我常常跑著跑著，腦海跳出她在家時一派「我是老大你要疼我的酷樣」，想著跑著便笑了。

而這一笑，腳步便輕盈起來，身軀便飛騰起來。然後，再一個彎道後，我卻又莫名其妙的哼起〈夜襲〉：「夜色茫茫，星夜無光，只有炮聲，四野迴盪……」

欸，真是無聊的亂想、亂唱。

人，真是記憶糾纏的動物。

人，真是凡走過必留痕跡的動物。

人，生來真是宛如一場馬拉松的歷程啊！

32

有時候，我們必須不斷的繞圈圈

在八小時或十二小時的時間裡，
我們得在校園裡不停兜圈子，考驗耐力與排解鬱悶。

・・・

下午兩點關門前衝進終點拱門。
好加在，剛剛好。
又賺到一馬，但可惜，最後沒衝進五十公里。
回到家整理髒臭的衣物，倒進洗衣機裡，自己也去沖了個澡。
肚子餓，煎兩顆荷包蛋。愈吃愈餓，忍了一會，決定煮碗韓式部隊鍋麵。

就在整理衣物、煎蛋煮麵時，陸續有跑友傳來一張張賽道上的合影，並且相互鼓勵。我得到的鼓勵最多，我猜。

理由再簡單不過了，不是我帥，是我已經缺席好幾場賽事，馬場的跑友看我出現都很開心，即使我跑得再慢，跑友也會按讚。

吃著熱騰騰的鍋麵時，我隨意望了望牆上掛鐘：五點五十分了！

我突然驚覺到：「啊，我洗好澡，正在洗衣服，也正在吃麵，但還有一群跑友，此刻正要最後衝刺呢！」他們是十二小時組的跑友，此刻才要邁向終點線啊！

我突然興奮起來，彷彿身處在終點線前，大聲的對一個接一個跑進來的跑友喊著：「加油，加油，就剩一點點距離了，衝啊，衝啊！」

其實，我在要離開跑場前，也已經做過類似的動作了。

只是那時才下午兩點半多，我是八小時組，而十二小時組的跑者，還要再奮進三個多小時！

他們實在太狂。一直跑，足足要跑上十二個小時。

我結束八小時組的超馬後，拎著完賽禮，一路逆向沿著跑向終點的反方向慢慢走，沿路回來的跑者，除了極少數是八小時組被關門的跑者外，其他都是今天北大掌聲響起超馬最厲害的一群了：他們都是十二小時組。

歐買尬，十二小時是什麼意思？

就是這群跑者早上六點起跑，然後跑過上午，跑過中午，再跑過下午，直到傍晚六點，關門結束。

這種六小時、八小時或十二小時的計時馬拉松，當然也競速，但競速不是重點，重點在於能在限時內，跑出多少公里數？

我們當然可以以飛快速度跑完全馬，但那又怎樣？以六小時組來說，就算三小時跑完全馬，剩下三小時要做些什麼？

於是，來參加北大掌聲響起超馬的朋友，講究速度非一意求快，而是要在配速的前提下，看自己能在各自選擇的時間組裡，跑出多長的距離！

比方說，我的一位臉友報名六小時組，完賽後在臉書貼文，說她四個半小時就跑完全馬，於是在剩下時間內，能多一公里算一公里，結果，六小時收工，她共跑了近五十六公里多。

歐買尬，四個半小時跑完全馬，剩餘一個半小時，她還可以且還有體力再多跑十四公里！也許跑更快的人不覺得怎樣，但對我，她就是神人級了。

完賽一個全馬，還可以加碼多完成十四公里，六小時跑出五十六公里！這讓我還敢告訴大家，自己八小時跑了多少嗎（我看我還是閉嘴吧）？

學著在繞圈的人生賽道中，發掘每一次的小確幸

北大這場超馬，說好跑也好跑，說難呢，端看要怎麼跑。但天公作美，

維持陰涼天氣，跑道則需要小心，稍稍麻煩。

它是繞著校園跑，大約一圈接近三公里，所以必須跑完十五圈，才確定自己跑完一個全馬。

跑在校園內，是不斷在人行道、路面還有小徑裡交錯，所以很難像一般賽事，那麼盡全力衝速度，這也是北大掌聲響起超馬有趣之處，我們要很認真的注意路面，注意自己腳步的或上或下。

因為是繞圈圈，補給站就固定在同是起跑點也是終點站的帳篷下，大夥衝進去，找飲料、找食物，氣氛很熱鬧。

補給也很澎湃，飲品除了水、運動飲料，竟然還有金桔紅茶、沙士、可樂、啤酒、西米露、冰仙草……等。

至於吃食更有趣，烤香腸、蔥油餅、飯糰、滷豆干、滷海帶，我因為只專注吃可以立即解飢又可以補充鹽分的食物，所以並沒有每一樣都試試。

但說實在的，跑這麼慢還混吃混喝，很說不過去。

這是我第一次跑計時賽馬拉松。報名前，想說報六小時組，拚完早回家。但馬場好友勸我不要那麼累，我遂改成八小時組。

自己下場跑了，才明白，朋友是好心，擔心我六小時未必能完賽全馬，那豈不可惜。在跑完半馬後，我衷心感謝朋友，我發現自己要能完賽，的確在六小時裡得很拚很拚，改成八小時組，跑起來心情輕鬆多了。

最終，我成功跑完全馬，但剩餘時間的體力下滑，預期的五十公里，就差那麼一點點，但終究已是我這遜咖最長的馬拉松紀錄，手機軟體顯示跑完四十九公里，大會紀錄則記下近四十八公里！

真可惜，我若少上一、兩次廁所，我若中途少跟人合照，我若再ㄍㄧㄥ一下，說不定就能以五十公里完賽！

但，又怎樣呢？一看到臉友的完賽紀錄，我想我還是惦惦摸摸鼻子吧！

大清早摸黑來跑一趟超馬的最大感觸是，這麼多人假日不休息、不去吃喝玩樂，偏偏選擇六小時、八小時或十二小時不間斷的跑步，而且，結束後還得拖著疲憊身軀、沉重腳步，往各處散去，又是一段塞車的車程了。

我的一位臉友，前一晚便開車到三峽北大，睡在車上，跑完八小時組後，再驅車回清境（沒錯喔，就是那個山上的清境，他們家開民宿與餐廳）。我另一位台中的老師朋友，在他車上放了一個冰櫃，裡面有啤酒、甘蔗汁、蠻牛，他不鎖後車廂，告訴我們幾位熟識的跑友，說要私補就自行取用。另一位跑馬厲害到或許已經走過跑馬狂熱階段的苗栗跑友，最近減少賽事，但卻因為想念好久不見的一些跑友，竟然開車從苗栗上來，在賽道上提供採購的私補給遇見她的朋友！

唯有長期參與跑馬，唯有在跑馬的長時間壓力下，才會發現人性真的很可愛。跑者之間的友情平淡卻可貴，彼此疼惜共有的堅毅不拔之毅力，一場接一場的，發展出特有的一種情誼與默契。

這是跑者的江湖，不跑不會懂。一旦我們投入，以跑者自許，便懂了。

33

顛覆賽道的「夾腳拖跑步文化」

要贏過村上春樹，
腳穿得「夠台」就行！

・・・

小說家村上春樹很會跑步，寫的跑步文章深受許多跑者喜愛，包括我。村上春樹寫得再好，但我很有信心的說：「他『有一點』肯定不如我。」

哪一點呢？

那是他跑步經驗的侷限。他肯定沒留意到跑道上「穿夾腳拖的跑者群」。而我，不但注意到，甚至，還自己穿上夾腳拖完賽十幾場全程馬拉松。套句馬場上的用語：「我這跑者進化啦，『進化到』穿阿拖的程度了。」

台灣跑者若寫跑馬文章，怎能不談夾腳拖在馬拉松賽道上的傳奇現象？怎能不談自己穿夾腳拖完賽的體驗呢？

這可是大文豪村上春樹「不如我」的地方（哈哈哈，想到都開心呢）！

慣常跑國際知名馬拉松賽事的村上春樹，之所以沒留意到賽道上有無夾腳拖跑者，可能有幾個原因：

一，他很專心在跑，心無旁騖，於是沒留意其他跑者腳上穿什麼；

二，他還在認真跑國際馬拉松時，夾腳拖跑者可能還不算多，數量少，在一堆跑者中，自然不易被看到；

三，更有可能的是，他確實看過夾腳拖跑者，但因為自己太習慣穿跑鞋完賽，便不至於太留意跟自己不一樣的夾腳拖跑者（這往往是主流意識對非主流的一種自然的視而不見）。

但，我是一個道道地地的台灣馬拉松跑者，我在賽道上，看到太多穿夾腳拖完賽的跑者，不只很多是我賽道上常見的朋友，而且，許多夾腳拖跑者跑步速度飛快，完全不輸穿跑鞋的！

我怎能不觀察這群「夾腳拖跑者」？

我怎能不「人類學式」的混身其中，做馬拉松賽道上的田野調查呢？

我怎能不把「台灣式馬拉松」特色寫出來，做為我個人對「台式馬拉松文化」的見證呢？

穿夾腳拖可以跑得飛快，已經有新聞媒體報導過了。

我先不談我沒見過的，只談我在追求百馬過程中的親眼目睹、親耳聽聞，以及自己穿上夾腳拖完成全馬的實踐心得。

為何我要說大文豪村上春樹可能因為主流的「跑鞋使用者」慣性，遂視而不見夾腳拖文化的崛起呢？拿我自己的經驗來印證，我真正注意到「夾腳拖跑者」，是在二〇二〇年的田中馬。田中馬是台灣熱情度名列前茅的馬拉松賽事，當地民眾的夾道歡迎，沿途補給站的豐盛，令跑者不敢怠慢，是鼓舞也是壓力。

那年我跑到最後幾公里，體力將盡時，身旁突然竄出一位「百馬騎士」，為我加油打氣，最後幾公里就那樣邊跑邊喘邊聊的，竟然就完賽了。那位跑者我叫他小蘇，在竹科工作，已經跑過上百場馬拉松。我在終點線後半虛脫的跟他聊天時，才瞄到他穿著夾腳拖呢！

我之所以用「驚嘆號」，乃因我自小無法穿夾腳拖，連走路都不行！大概是腳趾頭太嫩了吧（一笑），每回穿過夾腳拖後，在夾腳人字的頂端處，必然摩擦得兩隻夾住人字端的腳趾頭痛到不行。

「怎麼會有人可以穿夾腳拖，完賽四十二公里啦！」這是斜靠在階梯上，喘著氣，望著小蘇那黝黑的腳趾頭，套著翠綠色夾腳拖時，我最大的好奇、最大的疑惑。

然而，有趣的事發生了，幾乎在那一刻的同時間，我「發現」場上往來的、完賽的跑者群中，竟然「不少」穿著夾腳拖的跑者！男男女女皆有。正因為，在眾多跑者中夾腳拖跑者為數甚眾，並不讓人覺得突兀，反倒覺得夾腳拖跑者與跑鞋跑者很和諧的融成一片，構成台灣馬拉松賽事裡獨特的「台式馬拉松文化」！

當然，我在那個第一時間還沒體會到這麼深刻的「台式馬拉松文化」，那還有待之後幾年的醞釀。

任何事就像穿鞋，得親身體驗過，才知道合不合腳

在之後的馬拉松賽事上，由於我已經開始認真的追求「百馬老王子」的目標，於是，開始跟小蘇有更多的互動，也跟他在馬場上所認識的朋友，有更多的互動。我不再用那種「沒見過市面」的土包子眼光，說我「發現」很

多夾腳拖跑者，而是用更準確的說詞「哇，原來已經很多跑者喜歡穿夾腳拖完賽呢」。

為什麼呢？

舒服，是很多人給我的答案。

舒服很重要，跑馬拉松的人很少不經歷腳趾甲瘀青發黑，乃至趾甲片脫落的命運。我自己的十隻腳趾頭，全都曾黑過，左右腳的大拇指腳趾甲全掉過，也都再漸漸重新長出。然而穿著夾腳拖的跑者，幾無例外的都告訴我：「穿夾腳拖不會黑趾甲喔！」

馬拉松賽事各地皆異，總會有第一次的經驗。我第一次的苗栗通霄海風馬，之所以更獨特，是因為我在第一次跑通霄的完賽紀錄上，還要記上一筆我的「第一場阿拖完賽馬拉松」！

那可真是名副其實的「海風」馬。風勢之強勁，許多跑者都掉了帽子。

而且在頂風處，幾乎很難前進，跑一趟下來，嘴裡身上盡是沙子。

那場馬拉松，我試著穿了夾腳拖。

為何要試試夾腳拖？

也許是我對「高比例的夾腳拖跑者」的現象確實好奇吧！但也少不了我所參加某幾場馬拉松的完賽禮就包含一雙夾腳拖，以及一、兩位跑友看我對夾腳拖跑者好奇遂贈我夾腳拖的因素有關。

有了夾腳拖，總要試試吧。

我在那場苗栗通霄馬之前，已經試著在日常練跑時穿它跑個幾公里，常常試、常常練，還真感覺自己的兩隻腳掌漸漸適應了夾腳拖，也發現它不如我原先以為的那麼不適合跑步。這應該跟夾腳拖持續的改良進步，材質愈用愈軟、彈性也愈好有很大的關係。

那場苗栗通霄馬我跑出相當不錯的成績。讓我在後續的台北馬有了推進的信心，於是那年也是我終於第一次在台北馬完賽，只不過，我仍然是穿跑鞋完賽的。

有了第一次穿夾腳拖完賽四十二公里的經驗後，有一段時間，我沒再穿夾腳拖跑全馬的嘗試。可是，日常的練跑，卻都改以夾腳拖出場。

我也說不上來，為何後來有一段時期沒有第二次的夾腳拖全馬，可能自己仍習慣跑鞋的「漂亮感」吧！

（這可能招致夾腳拖跑者的群起圍攻：「說什麼呀，難道穿夾腳拖就沒美感嗎？」）

但我確實明白，為何在台灣馬拉松賽道上那麼多人穿上夾腳拖，輕鬆、自在，冬天不見得冷，夏天卻一定很涼快，尤其跑完後腳沒那麼腫脹。

這絕對是同樣寫跑馬拉松文，村上春樹「唯一」不如我的地方！

畢竟，我有「台式馬拉松」穿「夾腳拖文化」的靈魂在體內流淌。而且，我把它寫了出來。

其實，後來我又穿起阿拖，而且跑出完賽十幾場全馬的里程碑。原因為何？很簡單，我的腳趾甲又黑了，又脫落了，迫使我必須在跑鞋與阿拖之間，維持交錯的平衡。

這改變，讓我愈來愈像「有台味的台灣跑者」了！

34

在最年華的記憶裡，重新起跑

重新跑進花樣高中三年，人非、物也非，
可比起傷感，更多的是中年回顧的新鮮感。

● ● ●

那年歲，心思多昂揚！
那青春，時間彷彿用不完呢！

我第十五個完賽的全馬，是在新竹南寮的海洋馬，有點小意義，因為這是我在新竹完成的第一個全馬，而新竹是我人生知識啟蒙的原鄉，當年我還是個十五、六、七歲的青少年，在這「風城」度過了三年時光。

那誠屬人生「有意思」的三年。與女兒高中時的狀況差不多，總是內心一陣陣暗流起伏，如刺蝟一般的回應著來自爸媽的關心，但心底卻有著對自己無限的寄望，寄望著未來海天遼闊，自由飛翔。

我的閱讀領域的開展，我對文字的琢磨，還有跑步興趣的培養，都在這三年宛如走進意想不到的花園，奇花異草處處驚奇了！

新竹中學的學生每年有兩件體育課大事，夏天的游泳與冬天的越野跑。越野跑季一到學生都戒慎恐懼，每天在朝會後先從操場開始，逐日堆高公里數，直到最後跑完一趟十八尖山。

竹中三年畢業，進了大學，我們自然的維持了這種跑步的習慣，那像生命的ＤＮＡ跟著我們，即使有些人後來未必再跑了，但一看到有人在操場跑步，有人在路上跑步，心頭不禁就熱血上來：「是啊，那些年我可是很會跑的高中生呢！」

我在報名新竹海洋馬後，雖然也在繼續練跑，但說真的，早忘記「風城」所謂「九降風」的真實景況。

記得的只有當年剛從火車站通勤下車，才出站，一陣旋風刮起，男生的大盤帽從頭頂竄飛，新竹女中、新竹商職的女孩們驚聲尖叫，瞬間按住她們的裙角，風實在太大。

跑馬那天我驅車從台北出發，清晨三點五十分左右，因為谷歌地圖告訴我一小時多一些可以到，果然我在五點左右抵達新竹南寮貝殼公園。風刮得嚇嚇叫，還沒進場，路邊便看到一名警察騎著機車，在強風中，檢查跑步路線的三角錐，不誇張，成串的三角錐，好幾處被吹得東倒西歪。

停好車（幸好新竹海洋馬的停車場夠大），在一陣一陣的強風中，走到寄物區，安置好，距離起跑剩不到半小時了（帽子還被吹走兩次）。幾位關心我來新竹跑馬的臉書跑友紛紛詢問我到了沒，我們相互找到對方，在貝殼公園的地標鐘樓前合照。

南寮已不是我記憶中的南寮了。

我高二分組選擇文組後，班上有個好友，也就是後來的小說家賀景濱。他家住新竹市，我不時會去過夜，兩人海闊天空胡亂的聊，當時他就想唸中文系寫小說，我就想唸法政當知識分子（很年少無知吧！哈哈）。

我記得我們騎自行車去到南寮好幾趟，躺在沙灘邊上，眺望遠方地平線，海浪一波波，捲來又退去；望著天上白雲蒼狗，一直在變幻，聊著聊著有時竟打起盹來。

而今，我來跑馬的南寮貝殼公園美得不像話，是網紅們拍照打卡的熱門景點，但我卻是一匹以「花甲美魔男」自我期許的老驥了。

歲月是把殺豬的刀，只是我不想那麼輕易「被殺」而已。

人人都能在青春期的舞台上，上演新的後青春戲碼

新竹海洋馬很棒，除了風很強大外，沿路風景優美，跑在西濱公路慢車道上，呼嘯而去的重機車族，還會對我們按喇叭加油，跑進防風林後，綿密的樹叢擋住了強風，幾處大樹成蔭的綠隧道，非常怡人，跑進去，都還覺得自己像在拍跑步ＭＶ一樣。

我還喜歡新竹海洋馬把全馬與半馬區隔開的一項「巧思」（說巧思可能半馬跑者會不太爽），才剛過全馬與半馬的分叉點，在跑全馬的人正在路口猶疑「真好啊，他們半馬可以折回去」的時候，卻聽到前方一陣歡呼，並傳來一陣陣肉香（絕不是跑馬人身上的），於是隨著往前越過半馬的折返點，馬上就獲得全馬的福利而不禁歡呼，因為兩隻山豬掛在烤肉架上，正以牠們此生最完美的姿勢在等待著跑者！

油滋滋，肉亮亮，香噴噴。

我連吃了四塊，喝了一小杯啤酒，這怎能不繼續跑，怎能不感謝主辦單位的巧思？

不過，這次新竹海洋馬之所以能完賽，真要感謝的，是跑馬江湖人稱的「小方教授」，他不知是不是受人之託（受在新竹科學園區服務的小蘇之託，以及人稱「苗栗林志玲」的跑者所託），要盯著我完賽，於是一路不離不棄跑在我前後。

當我累得喘不過氣時，他便找話題聊天；我實在太累，他便自己講，我於是知道他為了妻子養病放棄升遷，原有機會成為最年輕的將軍但為愛不為所動。他在跟我加油打氣的談話間，讓我明白人生確實是一場馬拉松，跑不完的馬拉松，只要不放棄就不會被放棄的馬拉松，跑道上處處是動人的故事！

小方教授已經跑完快兩百場全馬了，多一場少一場於他意義不大，但他肯陪著才起步十幾場的我，這就是馬拉松最感人的氣質：「我們是跑馬人，我們相互加油打氣，我行你也一定行的！」

我最終衝進終點線了（這之間，帽子又被吹掉兩次）！

沒有鎂光燈，沒有歡呼聲，但我心頭是發燙的。

我在我的高中故鄉，人生青春期最美好的舞台，跑完我第十五個全馬。

我想，我還會跑下去的。

35

「女力」奔馳出一路芬芳

人都有雙腳，
不該限制誰能跑、誰不能跑。

太多馬場男性喜歡談論賽道上的馬尾女生。

為了不讓他們的閒談，被轉述成「豬哥傳奇」，我想認真寫一篇馬場上的女性身影。

沒有她們，馬拉松賽道將多麼單調？

沒有她們，跑者實難以得知女性的剛毅與美力！

沒有她們，跑場的多元價值將失色極大！

不是每位女性跑者都紮馬尾的，但確實每個都令人驚豔讚佩。

「女力降臨」若屬時代趨向，馬拉松場上的女力身影絕對是亮眼指標。

都說台灣最美的風景是人。台灣馬拉松賽道上最美的風景依舊是人，不分年齡，不論性別，「認真的跑者」最美。

但女性跑者，無疑還是把馬拉松賽道自古以來的陽剛特質，改造成「非她不可」的力與美辯證。

而且，不只是台灣的馬拉松如此，國際間也應該如是。

不然，村上春樹不會在波士頓的查爾斯河沿岸練跑時，對那群身上印著「哈佛大學」字樣、紮著馬尾宛如羚羊一般跳躍飛馳，並且超越自己的年輕女性跑者，投之以多情的眼光！

若講最佳紀錄，頂尖女性馬拉松跑者或許不如頂尖男性馬拉松跑者。

但這樣比較實在沒有意義，亦不公平。男女大不同，不該用單一標準。何況很多馬拉松女性中前段跑者，是可以把許多中後段男性跑者，遠遠甩在賽道後頭的。像我，就常常被甩在後頭，徒呼負負卻莫可奈何。

年輕時，有位詩人朋友曾用詩一般的語言對我說：「遠遠你望見一位美麗女子迎面走來，你雀躍不已，但她甩甩頭髮，跨進一部保時捷跑車駕駛座，引擎轟隆隆，而後揚長而去，看都不看你一眼，那是對男人最淒美的絕望！」

多年後的現在我會說：「喔，老友，你追著一位紮馬尾的馬拉松女性跑者，看她羚羊飛躍般的往前邁進，你拚老命，尾隨一段後，她卻很快消失於視線，那才叫淒美啊！」

我自己在賽道上，跑不贏很多優異的女性跑者。

看著前方女性跑者遙遙領先的車尾燈，我只能興嘆；看一個個超越我，刷卡而過的女性跑者，我也只能喊聲加油。她們與我擦肩，如同人生很多的擦肩而過一樣。

女性在馬拉松賽道上的馳騁，與女性在很多領域內的突圍相似，都是一步一腳印的奮鬥爭取來的。

要理解女性跑者「突圍」馬拉松的歷史，我們不妨用一個概念來解釋。我自己年輕時，很著迷「典範」（paradigm）這概念。典範概念提醒我們，當一個時代還侷限於舊的典範時，我們往往看不到新現象的出現，即使已經有案例，但我們「還是看不到」！

人們常說「視而不見」便是這道理。如同戴上有色眼鏡一樣，凡事都被「濾鏡過濾」。

當「女性」被視為「不如男性」時，女性很自然成為女性主義者西蒙・波娃（Simone de Beauvoir）的名著《第二性》（*The Second Sex*）裡的第二性，凡事不如男人。

但「典範」被突破，一定是要有不斷嘗試的新案例在衝撞。

馬拉松賽史上，女性跑者尚未出現前，男性跑者根本不把「女性馬拉松跑者」當成一個問題看。可以說，男性理所當然的「認為」馬拉松賽事是「男性專場」，這有什麼奇怪呢！而正因為無須奇怪，於是他們找出太多理由解釋「為何女性不宜」。

現在的女性跑者一定想不到，其中一個理由竟然是馬拉松的長距離，會讓女性跑者的子宮受損！

這其實有很深的父權意識作祟。看似保護女性，實則是男性優位的霸權。為什麼要「保護女性的子宮」？因為，要傳宗接代。而女性生來只是為了傳宗接代嗎？

也許歷代以來，都有女性在質疑這命題，可是一直要到一九八四年洛杉磯夏季奧運會，「女子馬拉松」方才誕生。

在這之前，連我們現在習以為常的一般馬拉松賽事男女混合起跑的畫面，還是在一九六七年因為第一個報名波士頓馬拉松的凱薩琳・斯威策（Kathrine Switzer），才打破向來男性壟斷的波士頓馬拉松的慣例。而直到一九七二年，波士頓馬拉松始正式歡迎女性參賽！

為求身而為人的平等，需要一些無所畏懼

是不是更該向這些前仆後繼的勇敢女性跑者致敬呢！

網路上查到的資料顯示，凱薩琳・斯威策的全馬成績可以跑到三小時兩分多，想像一下，她完賽後回到家，沖澡完、喝杯咖啡，小憩一會後，我還在衝終點線呢！

我怎能不向她致敬！

不管她在賽道上有沒有紮馬尾，我都要敬佩她的篳路藍縷，她的勇敢挑戰，她的驚人速度。

我們一旦專心跑馬，說真的，實在是不會在乎到底馬場上有沒有英俊的男生、有沒有漂亮的女孩。

可是，我們也必須承認，一旦馬場上有非常好看的男性身影，非常美麗的女性身形，馬拉松賽道的風景，確實在「硬實力」之外，同時亦增添了「軟風情」的魅力。

欣賞男子馬拉松或女子馬拉松競賽，我們多半不會留意速度之外的馬拉松價值。唯獨在男女混合的一般馬拉松，從起跑前，男男女女的集合，寄物、暖身，熟識群體裡的互聊，陌生男女間偶爾望一眼、有意偷瞄一下，真的是讓馬拉松賽道上隱隱約約瀰漫一股微妙的情愫。

翻看一部馬拉松賽史，我由衷相信，女性勇敢投入馬拉松賽事的確改變了「馬拉松的精神」，使它更為貼近「人的馬拉松」而非「男人的馬拉松」！

我們都說「女力時代來臨」，但若非那些在男性典範支配一切的年代裡，有著像凱薩琳．斯威策那樣的女生，敢於在一堆男性面前，昂首闊步的，走進賽場，如鶴立雞群，如牡丹昂首，如鳳毛麟角般的挑戰「男人的馬拉松」的迷思，我們怎會在現今的馬拉松賽事上，看到成千上萬的女性跑者，以優雅的身姿，驚人的跑速，甩開一堆如我這般，慢速後段班絕望的淒美眼神呢！

終於明白，我們在賽道上尾隨的，哪裡是多彩斑斕的馬尾，根本就是女力昂揚的旗幟啊。

36

打破熟齡屏障，維持跑場身價

奇人跑者們跑的不只是賽道，
而是一場接一場的生命之道。

台灣各地的馬拉松賽事，熟齡族群比例不低。七十多歲、八十歲以上的，常常見到。世界紀錄中，超過九十歲乃至百歲人瑞的馬拉松跑者，並不在少數。我想這跟馬拉松的特質，有很大關聯吧。

活到老，跑到老。

能動，就能跑；能跑，就能馬拉松。

馬拉松是一個人的武林，必須一個人完成，也僅能一個人完成。

既然是一個人的武林，只要那個人持續性規律的跑，「年齡」理論上應該不成問題，當然，速度會是問題。然而，並非所有的馬拉松都在競速，很多馬拉松給的充裕完賽時間，足以讓熟齡人士慢慢完賽。

馬拉松賽事年年數百場，熟齡跑者只要不挑「完賽時間有壓迫感」「賽道過分艱辛」的賽事，是大有機會隨著年齡增加仍繼續轉戰各地的馬拉松。

網路上都可以查到，不少高齡跑者（相較於他們，我真的還年輕啊）完賽的速度相較於他們的年齡，是相當驚人的。

八十幾歲的跑者，全馬可以五個多小時完賽！

百歲人瑞，是以十公里做為淡出馬拉松的畢業儀式！

一個個髮蒼蒼、身佝僂，原該拄拐杖、坐輪椅，讓人攙扶的高齡者，依舊能慢慢沿著馬拉松賽道，一步步的向前跑著，那將是多麼、多麼的感人畫面啊！

我相信每一個跑馬拉松的人，都期待自己能像那些熟齡、高齡的跑者，屹立不搖於賽道！我也相信，每個跑者的家人，儘管擔心親人的體能是否能撐得住，但他們也一定開心看見熟齡、高齡的親人，能持續完成他們生命中的馬拉松，一場接一場的。

我在馬場上結識不少奇人。

稱之為「奇」，當然理由不一，但皆可視為「可傳之奇」的傳奇之人。有人打赤腳完賽多場，有人以夾腳拖跑上凸台，有人推著娃娃車載小朋友一場跑過一場，有人每場都角色扮演且高速完賽，有人像雜技團高手邊跑邊推鋼絲滾輪。這幾年賽道緊急醫療觀念普及，還有許多穿上AED背心的醫療專業跑者邊跑邊巡視。總之馬拉松的世界，太多有趣且動人的現象，多半不是圈外人所能理解。

但，我每次都會被年齡一看便知大我不少的跑者所吸引。

他們兢兢業業，專心專注的盯著路面，望向前方的跑姿，常常讓我在尾隨其後、穿越其身、回頭望見的每一瞬間，都情不自禁的問自己：「我呢，我能繼續跑多久？我能跑得比他們更久、更遠嗎？」

跑馬拉松若是人生的隱喻，那不識愁滋味，偏偏卻愛強說愁的譬喻，是滿適合形容年輕的跑者。他們身強力壯，追求速度追逐風，跑馬既是強身也像炫耀，炫耀體能，炫耀年輕，炫耀沒有什麼不能克服的青春感。

我自己很愛在馬拉松賽道上，欣賞年輕的身體一個個使勁跑在前頭，宛如一匹匹駿馬，昂首闊步，也好似一群群白鷺鷥，信步飛揚。彷彿年輕是理所當然的跋扈，彷彿贏過旁人是理所當然的表演。

難怪村上春樹在哈佛大學旁的查理斯河道旁跑步時，會在與一群紮馬尾、穿哈佛運動衫的年輕女子從旁擦肩而過後，慨然的，對那群昂然向前的年輕靈魂與軀體，發出由衷的嘆息、衷心的祝福。

每個從人生起跑線上出發的年輕軀體，誰不昂揚熱情，誰不信心滿滿呢？

可是，馬拉松若一如人生，那它最好的啟發，往往不在出發、不在前段，而是半馬以後，最後的那十幾公里。

動起來追憶過往，好過呆坐靜止的感嘆過去

有位全球知名的高齡跑者，是在八十歲連續遭到喪子、喪偶的打擊後，才從跑步當中重新再站起來。激發意志，鍛鍊軀體，強化心肺，活潑生命，各種跑步的好處全在他八十歲後的孤獨人生裡獲得詮釋，他愈跑愈好，愈跑愈快樂，愈跑朋友愈多。但他若不跑步，若在喪子喪偶後頹唐自己，我們豈能看到他在八十、九十歲以後，激勵世人、促動熟齡人士的新生命？

每個人都有自己的人生地圖，地圖上有我們自己選擇的路程，也有意外之旅的地點，在路上我們也會遇到我們愛的、愛我們的人，但愛與不愛，往往都在過往旅程上成為記憶或化為雲煙，最終，剩下的是走過中年、走進熟年以後

的「現在的自己」。

在漫漫的馬拉松賽道上，我常常邊跑邊回憶許多往事往昔（絕非刻意，但那真的是跑步人最大的恩賜之一，我們邊跑邊放空，而放空的同時，我們卻擁有了思慮的最純淨境界）。我想連我都如此，那些年齡不輕、人生履歷更豐富的跑者們，也一定是如此吧。

我們跑步，我們跑馬拉松，當然可以換得健康的身軀，延緩必然的老化。但我們持續的跑步，持續在賽道上「追憶似水年華」，不也是在淨化自己的心靈，重溫許多過往的人與事，救贖我們在「對與錯」、「溫柔與慈悲」的不斷交錯中，走過的人生風景嗎？

我喜歡欣賞年輕的軀體，在賽道上一如駿馬的挺立、奔馳，那是美與力的張揚。

但我也逐漸更欣賞一個個並不年輕，隨年輪而風蝕，隨記憶而沉重，隨命運而搖擺的身軀，以及在那副軀體裡，仍願意頑強的跑馬拉松的老靈魂。那是天地有大美的美，那是人間有至性的善，那是無所為而為的真，他們早就跑過世俗名利，而今，只是為自己而跑了。

我已經是花甲美魔男的階段了。

花甲，是事實；美魔男，是自我勉勵與期許。

我還能跑多久？不知道。

我真能完成一百馬，晉身「花甲百馬哥」嗎？也許，但要持續努力。

完成百馬目標後，我會繼續跑下去嗎？這點我確定，我跑我存在，為了好好存在，我會好好繼續跑。

馬拉松一如人生，不往前跑、不知答案，而一旦跑了，我們看到的人生風景，將遠遠超出我們的預期。

37

行路難，人情暖

支撐我跑完全馬的，
除了自己，大概就是這些路上的可愛人們了。

• • •

山林馬之金錢龜場（頭城場）馬拉松，十分令人難以忘懷！
而且這場馬，夠硬！

不只夠硬，而且夠兇悍。全馬之名卻是硬讓每位跑者，跑出了小超馬的長度。有的跑者完賽紀錄到四十六公里，有的跑者更多，出現四十七公里的紀錄，我呢，老老實實依照自己的跑步軟體，記錄了四十五・六七公里。但不管怎麼說，都超出全馬的規格。

如果不是老天幫忙，天氣陰涼，說真的，我還沒有把握一定能在時限內跑完。

從地平面上升到海拔兩百八十一公尺（依據我測得的數字），單程一趟過去五·七五公里，折返回出發點就是乘以二，十一·五公里；然後，這樣來回四次，肯定早就超出四十二公里了，苦的是「上下」、「上下」總計八次，跑到兩輪、三輪之後，雖能預期前面的路況，但偏偏「心有餘而力不足」，那才是苦啊！

但這次的山林頭城馬，尤其見證台灣地方馬的人情可愛。

當然，風景是沒話說，頭城小鎮純樸，幾百人的賽事，也沒什麼大人物來致詞、鳴槍，僅有一位角逐鎮長的參選人，不但到場講了幾句鼓勵大家多來頭城玩的歡迎詞，最令我驚豔的是，在跑上山的第一個「私補」補給站，竟然是他跟兩位助理站在那殷勤的為跑者遞水、喊加油！

接過瓶裝水後，我心想，頂多也只是站一會吧，等大家都上山，他的誠意到了，應該就會下山去忙別的吧？

但沒有。他硬是待了全程（幾乎啦，最後當我們後段班都第四趟上山時他還在，等我們最後下山時，他們雖已離開，但溫馨的在桌上留下幾瓶水，似乎算好後頭就剩我們這幾位似的）。要知道，我們並非他的選民，但他善盡地主頭城人的溫情，也沒有一般政治人物「搵豆油」[5]的應付。這是我這趟頭城馬印象最深刻的一位，如果我是頭城人，我會支持他！

5 沾醬油的台語。比喻做事情膚淺不深入，或只是短暫停留。

遇見識途老馬，是在賽道與人生中的幸運

這次頭城馬體會最深的，莫過於跑馬真是一個適合「交關」[6]的場合。通常跑全馬，頂多在折返時有可能與其他跑者交會，但若那場馬拉松是繞一個四十二公里的圈，那肯定沒機會面對其他跑者。但頭城山林馬的規劃是，在固定的兩點之間（預估一趟來回十公里多一些）來回四次，所以不管快或慢都會與其他跑者有四次的碰面機會。

經過對著喊加油四次後，就大概記得彼此的面孔，何況是我們這些不斷在後方拉扯的後段班，你超越我，我又超越你，你超越我說加油，我超越你喊甘巴爹，喊著喊著，乾脆在上坡時快走聊起來，下坡再各自努力加速。這樣，我們能不熟悉嗎？

這趟馬，絕對是我歷次跑馬以來，跟人聊天最久的一次，相當奇特。

萬金石馬拉松跑起來又熱又累，根本沒法跟人聊，但這趟馬拉松累歸累，

可它不熱，而且上坡特別多，既然無法在上坡還一直跑，那就保持走春的心態，邊聊邊走，一時間，還真以為自己是在踏青、在晨運呢，就差沒有在路邊買一串烤香腸。

我以前便觀察過，跑馬前段班只在乎配速，難以與旁人有太多互動。後段班呢，反正完賽就好，漫長跑道上若只跟自己對話，那除非是像我這類人，從小就是「內心戲多」、「擅長小劇場」，否則，靜默的五、六個小時下來，豈不悶壞！

所以我很能體會，後段班為何會主動關心其他跑者，會停下來沿途拍照，會在補給站吃吃喝喝，因為，反正是後段班，是壓線跑，是關門跑，急什麼呢？

6 台語發音，買賣、惠顧的意思。

但這次的頭城馬，我卻在後半段與一位在后里執教的「鍾老師」，沿路聊了許久，最後還幾乎一塊衝進終點完賽。多虧他，我不僅撐完全場，還對以前聽聞過的許多跑馬傳奇人物，都大致有了「清楚輪廓」的認識。

這場參賽人數不過數百，全馬的人數更只有一百二十多位的馬拉松，跑著跑著，似乎每張臉都見過。

而且這場馬拉松，因為馬拉松普查網有認證，於是不少「老馬」都來了。所謂「老馬」該怎麼定位呢？即將完賽一千場的「水牛哥」都來了，算老馬吧！

不妨再以我身旁那位「鍾老師」為例吧！

跑著跑著，我問他：「敢問多少馬了？」

他笑笑：「五十馬。」

我正心想「還好還好」，他又補上一句：「扣掉前面的整數兩百。」

哇咧，我能說什麼。

多虧他，我於是更清楚那對跑馬父子的傳奇，兒子明顯過動，父親帶著他跑馬，春夏秋冬，跑出幾百馬了！我跟他們交錯四次，每次都深深覺得「為父則強」的啟發。

多虧他，我於是知道常常在跑馬場上看到的那位女老師，先生是校長，兩人幾乎無役不與，跑了數百場。

多虧他，我看到那位跟癌症搏鬥的勇士，重回馬場，體力超好。

多虧他，我知道我可以學習的典範，一位前輩，七十歲開始跑馬，如今十一年過去已經完賽了一百八十馬。

我記得他，有次我跑在他身旁，他反過來勉勵我：「你嘛就少年耶，嘎油嘎油！」

38

我期待，為女兒跑出典範

沒什麼是注定的，一切都是我們的選擇，
但既然可以選，那我選擇做一個全力以赴的父親。

中秋節才過，大清早就被雨聲喚醒。

原本想在休息一天之後，做一趟「恢復跑」，讓前晚跑完四十二公里的身體，好好透過跑步，慢慢恢復常態。

現在，只好望雨興嘆了。

拿出咖啡機。倒四匙巴拿馬瑰夏（藝妓咖啡豆），加一大杯水，按下「濃郁鍵」，站在咖啡機旁等候。我喜歡這段從安靜到漸漸沸騰的煮水聲時光。

相較之下，耳掛式咖啡最利索，但少了很多樂趣。用咖啡機頗為麻煩，喝完還要收拾殘餘，把壺具淘洗乾淨。可是在這樣的清晨開機煮咖啡，還是很搭配雨聲的。能營造出假日的悠閒感，天蒼蒼地茫茫，這一瞬，置身在屬於自己的當下。

我們很難追溯出自己到底在何時、何地，因為什麼因素，而有了很多不經意的改變。

比方說，何時喜歡上喝黑咖啡的純粹？

比方說，何時迷上全馬四十二公里的折磨？

比方說，何時把寫作當成一種試煉思索自己的人生作業？

其實，誰都很難在漫漫的路程中，給個完全正確的解答。但還好，我們走過青春、走進中年，迎向初老的門檻後，每一個階段都在訴說：人生，哪裡會有標準答案啊，是不是？

我們只是在每一個路口，選擇往左或往右，接著，出現在面前的，可能是一座山谷、一片草原、一個村落，或者是喧嘩奪目的城市？誰知道呢，在我們還沒有做選擇之前，如果選擇前往的是另一個方向的話，我們怎麼會是「現在的我」呢？

人生不一定要全然美好，至少可以選擇「不變壞」

女兒在童言童語的時期，依偎在我懷裡對著我說：「這麼愛我為什麼不早點結婚呢？不然我現在就已經長很大了……」

我摟著她回答道：「如果早結婚，怎麼確定一定會有像她一樣的可愛女兒呢？」

她撒嬌的說：「不都是送子觀音的故事嗎，就是注定的啊！」

她把我說給她聽的故事，當成了世界的輪廓。那時的她，是多麼單純的世界啊。

如今，女兒也過了收集資料、申請學校的階段，而後進了大學，逐漸要推開迎向未來人生一座座大門了。之後呢，人生還有一道又一道的大門得推開，推開後，不論選擇往右或往左，每一個選擇，都注定她會成為怎樣的人。

但，哪有什麼是注定的呢？

我唯一確定的是，我娶了她媽咪，然後有了一個她，我抱著她、牽著她、看著她，我們是父女。但她會成為怎樣的人，未來都在她的選項裡，由她決定。而我呢，這個打一開始便注定是個「老爸」的我，在她出生之後，便打定主意做個「全力以赴的爸爸」，不敢言好，只能盡力。

我不碰什麼壞嗜好，讓女兒知道「不碰壞事」是一種「選擇」；即使我們夫妻難免爭吵，也一定各自向女兒保證「我們對她的愛從不減少」；我努力跑馬，她或許難以理解那漫長四十二公里的心境，但她必然了解跑馬不是壞事（因為她媽媽放我出門），也許有一天她也會在遇上一個跑馬的男孩時，發現到「原來我爸就是這樣的人」。

這幾年，我每年都要交出一本專書，交待自己思索、讀書的心得，賣的好壞其次，不負自己對寫作的期待才是首要。出了書，必定送太座、女兒各一本，讓她們知道「老公（老爸）真是一位作家呢」！

這世界，是怎樣的世界？

我們可以成為怎樣的一個人？

講老實話，我摸索至今，也不敢說自己了解世界、了解自己。這也許是「像我這樣的一個男人」最大的優點吧。我總是覺得世界廣袤，趨勢難測，所以盡量透過閱讀去了解、認識世界，帶著一個寬闊的心態去理解我們不理解的一切。

我是怎樣的一個人呢？

我們可以把自己停格在自認為最美好的某個階段，但世界從來不為我們停留。地球在轉動、四季在遞變，我們是怎樣的一個人，應該要有與時俱變的彈性與包容。

村上春樹把跑馬與寫作結合，連結成一件有著相近意義的事。枯燥的馬拉松賽程，寂寞的創作歷程，都只能一個人靠自己去實踐。

為什麼跑馬？

為什麼寫作？

或者，可以換個方式說，我們為什麼活著？又拿什麼給自己的孩子當典範？我那麼平凡，除了寫作、除了跑馬，除了做一個盡心竭力的爸爸外，我什麼都不是，不是嗎？

39

有一種愛，是永不說抱歉

在馬拉松歷史上，他不會有豐功偉業，
但在人生賽道上，他寫下了愛的紀錄。

•••

跑完高美濕地馬後，休息了四天，再度穿上跑鞋，又緩緩步向後山，熟悉的五色鳥依舊遙相呼叫，伴隨著步伐。跑著跑著，手機振動，有個跑步群組傳來：「狄克・霍伊特（Dick Hoyt）過世了！」

我停下來，仔細讀完。

再谷歌一下，真的，他在睡夢中過世了，享年八十歲。我第一個念頭是，那他兒子怎麼辦？我不是擔心他兒子的生活，是憂心以後應該沒有人，沒有「那麼至親的人」可以推著他一直跑、一直跑了。

而過去四十幾年來，霍伊特就是這樣一直推著他重度身障的兒子，在馬拉松賽道上，在二鐵、三鐵的水道上、車道上、跑道上，追逐了無數場父子合力完成的比賽。

他們是父子，是一個兩人組，人稱「霍伊特二人組」（Team Hoyt）。他們是一個故事、一個傳奇，如今父親走了，那個我熟悉的畫面裡，坐在推車上、躺在橡皮小艇裡，享受陽光、享受清風、享受掌聲、享受父愛的兒子，他怎麼辦呢？我注視著手機上，一頁頁滑過的畫面，突然有點難過。

我為今天清早還在生悶氣的我，感覺到自己做父親的「不及格」了。昨晚接女兒補習下課，大概是累了吧，我興沖沖的接她，她卻冷冰冰的喔一聲，便斜躺進車後座滑手機。我忍住了，但心頭確實不太高興。最後，父女倆沒說話，回到家，各自有各自的事。

清晨，送她出門，我心頭記著昨晚的事，也沒特別對她熱絡，她也一貫她的酷，只在下車前對我說再見，而我卻「故意」不搭理。可是，我是那麼樣的「女兒控」！對她擺臉色，內傷的卻是我自己啊。於是，我反而陷入百無聊賴的鬱悶，邊喝咖啡邊翻幾頁不知所云的書。想想，還是去跑個幾公里，解悶吧。

而就在此時，我獲知了狄克．霍伊特離世的消息。

馬場上的時間推移，不會磨滅滿溢的親情移情

我們叫他狄克吧！他兒子，是瑞克．霍伊特（Rick Hoyt）。瑞克一出生便是腦性麻痺，無法行動，醫生建議霍伊特夫婦送他去特殊療養院，由專業照顧，一家人的生活才不會受影響。

但霍伊特夫婦沒有接受，他們留瑞克在家，為他量身打造家裡的環境，讓他得以跟弟弟、鄰居朋友接觸玩耍。腦性麻痺身障的條件，不會讓瑞克事事順利的，可以想見他也很了不起，就那樣，一關一關的過，最後甚至唸完大學。

他應該要感謝他父母的，他們讓他在自己熟悉的家裡，在愛的關照下，度過許多美好的日子。如果，一切就只是這樣，世人大概永遠都不會知道狄克過世的新聞，因為人世間類似的例子不會太少，雖感人，但不會成為新聞報導的焦點！

一切的轉變，說來是傳奇，但傳奇的打造，從來都不是一件容易的事。有一天，兒子瑞克對他父親狄克說：「我好喜歡跟著你一塊跑步，一起跑的時候，我就忘了我的行動不便，我感覺我是個正常人呢！」

我不知道狄克當下反應如何，但我讀到這句話時，霎時眼眶發熱，哪個當父親母親的人不會揪心，不願為孩子做牛做馬呢！狄克從那時起，為他們父子打造了專屬的推車、打造了專用的小橡皮艇、打造了兩人的公路賽車，從波士頓馬拉松到夏威夷馬拉松，他們約莫完成了一千場的賽事，單單是知名的波士頓馬拉松，父子倆就完成了三十二次！

他們被大篇幅報導，被拍成紀錄片，被塑成雕像放在故鄉，被寫成一篇又一篇感人而勵志的文章。

他們本身改變了什麼？我長期關注他們父子，父親變得很強壯，想想看，他不只一個人要完成全馬、二鐵、三鐵，他還要推著一個大男孩（一個大男人），這負擔要比一般的參賽者，足足多出一倍以上！

而兒子呢，從紀錄片可以看出來，他則從一個大男生，也在歲月、在陽光、在他父親的汗水下，長成一個大男人了！如果你留意從過去到後來的新聞影片，你會發現，那個坐臥於推車內，從大男孩到大男人的兒子瑞克，始終不變的是他的一個動作：敞開嘴笑著，發出快樂的聲音，伸出一隻手，向沿途的掌聲回應。

他應該快樂的、他應該歡呼的，因為他的父親低著頭、推著車，腳步穩健的向前跑著。他的父母從來沒有放棄他，用愛向他發出永不放棄的訊息！

狄克過世了，在馬拉松的歷史紀錄上，他不會有什麼豐功偉績，也不會進入什麼馬拉松名人堂。但他卻是一個扎扎實實的馬拉松跑者，永不放棄，不放棄自己的際遇，不放棄對兒子的承諾。因為他，讓全世界許多在人生賽道上並不快樂的人，都勇敢的步上自己的馬拉松世界！

至於我呢？

在路邊滑過許多霍伊特雙人組的畫面後，抬頭望望在路邊電線上吟唱的五色鳥，想著我那青春期的女兒，嘆口氣，前生注定的冤家啊！我把一段狄克推著瑞克跑完馬拉松的影片傳到家庭群組內，再標注一句：「爸爸媽媽的愛是永不說抱歉的！」

40

一步步，都在傳承無悔

未來某一天，
我想成為女兒說給孩子聽時，那個愛跑馬拉松的人。

•••

電梯燈號亮起，坐在娃娃車內的小女娃，亮著一雙黑白分明的大眼睛，被推進電梯，她身後是一雙硬朗的手掌握著推車手把，接著是年輕有點羞澀的爸爸，輕聲念著「不好意思，不好意思」，滿臉歉意。

但電梯裡每個人都自動的，向後退一小步，回應了年輕爸爸的不好意思。

小女娃很可愛，兩隻大眼睛咕嚕咕嚕轉著。

燈號再亮，年輕爸爸推著女娃走出電梯。

我向女娃揮揮手。

她不可能記得我的，但我會記住她一陣子，因為她讓我想起女兒很小很小的時候，想起我跑在馬拉松賽道上的某些心情。

很奇怪吧？

才不會！電梯裡巧遇年輕爸爸推著娃娃車，載的又是小女娃，我聯想到女兒很合理。

但為何聯想到跑馬拉松呢？其實也滿合理的。

跑馬拉松時意識是流動的、跳躍的，從某一段記憶跳到另一段記憶，常常沒什麼邏輯關聯。我是從跑馬拉松長距離的意識流竄中，重新體會昔日讀現代主義「意識流」作品的感受，人的意識，實如天上的白雲蒼狗，幻化無窮，亦如溪水的流淌，看似沒什麼變化，實則每一刻都不同於上一刻與下一刻。

日常生活若宛如一場馬拉松，那日常的遞嬗中，我們的思緒又何嘗不是意識的流竄呢？我看到女娃、看到她的年輕爸爸，進而想到女兒、想到我的跑馬，這一幕幕交錯的畫面，都在那相當短的一分多鐘裡快速移動。

小女娃會一天天長大，她爸爸也會一天天年長，我也會一天天老去，時間是公平的，宛如賽道是公平的對待每位跑者，只不過有人跑得快，我則跑得慢，而他或她或許棄賽了。

女兒四歲多左右，剪了可愛的瀏海，在國道馬拉松的終點線等我。

那年我還只跑半馬，但也跑得氣喘吁吁。

國道馬並沒有景色可言，漫長、寬闊的柏油路面，是很貼適腳穿跑鞋的雙腳，不過兩旁的護欄稍高，跑在路中間的我，看不到什麼路邊風景，低頭呢，則只見地面箭頭指引方向，護欄旁隔段距離則有下個交流道出口的指示。整體而言風景單調，路面寬敞，坡道起伏不大，但限時較嚴（總是要考慮管制時間太長會影響交通），說真的，並非迷人的馬拉松賽事，跑過便算了，因此多年後，我完全沒留下深刻的記憶。

唯獨，女兒嬌羞的等在終點線，捧著她媽咪交給她的花束，跑上前，遞給我，再撒嬌的投入我汗涔涔的懷裡。

那畫面，我必將一輩子記得！

那也是為人父、為人母，最甜美、最甘願的付出與承諾吧！

那次的國道馬之後，我僅在宜蘭的國道馬再跑了一次半馬，此後再無上國道跑馬的經歷，因為半馬不再吸引我，而國道的全馬我還不夠格。

選擇改跑全馬的我，有時成功、有時失敗，在得失交錯的遞嬗裡，我竟然也累積了數十場馬拉松紀錄，而膽敢挑戰百馬的目標。隨著紀錄的累積，付出的自然是年歲的增長，女兒亦從小北鼻蛻變為大女孩的轉身。

如今，她不會在終點線等我了，她有她自己要等的聚會、約會。

她不會再嬌羞的躲進我汗涔涔的懷裡，至多只在家族群組裡，為我再下一馬的訊息按個讚。

在一個人的生命武林外，都有一道溫暖的傳承

妻子忙碌、女兒忙碌，我常常在跑完全馬回家時，一個人安安靜靜的換洗髒衣物，安安靜靜的煮麵、煮水餃，在等水燒開的時刻，喝冰啤酒，沖洗身體。然後，坐在餐桌上，一邊吃一邊喝，一邊把玩獎牌。那片刻的安寧，那片刻的舒坦，那片刻的放鬆，那片刻的自在，尤其讓我充分享受「馬拉松是一個人的武林」這份體悟。

我們走過青春、走過單身、走進中年、走進家庭，接著，付出帳單、付出歲月、扛起義務、扛起命運的人生，最終都要體會「一個人的武林」這種蕭瑟與美感。

那也是幸福啊，不是嗎？

妻子讓自己可以出門跑馬拉松，小孩不讓自己操心而能放手於馬拉松，世界可以容許自己的空餘跑進漫長的賽道，我們自己可以給自己一份純淨的

心靈、強大的意志、堅毅的體魄，去迎向一場接一場的馬拉松，還有什麼好不滿的？還有什麼理由不好好珍惜此刻，珍惜當下呢？

人生如一條馬拉松賽道，不過是一種隱喻。但每個人對自己生命裡的隱喻，如何去解釋，如何去體認，又如何去接受，答案往往是那麼樣的迥異，就像馬拉松世界，你跑你的理由，我跑我的堅持，他跑他的在乎，她跑她的故事，同樣數十年的寒暑，我們跑出千千萬萬種不同的劇本。

有人問我，百馬之後呢？會再跑下去嗎？

我想會吧。

我們既然不為何而跑，那跑步就「只是一種習慣」，一種我們堅持「自己何以是自己的習慣」，一種我們跑、我們思索，我們「坦然面對自己的釋懷」。

或許未來某一天，女兒自己也成為媽媽，推著娃娃車走在路上時，會看到一位路跑者跑過，又或許是在新聞上看到一則馬拉松的消息時，她會輕輕拍著娃兒說：「親愛的，你的阿公可是很愛跑馬拉松的人喔！」

當代名家

我還在跑，沒時間變老：人生賽道的四十個擇學

2025年1月初版 定價：新臺幣380元
2025年2月初版第二刷

著　　者　蔡　詩　萍
叢書編輯　賴　玟　秀
副總編輯　陳　永　芬
校　　對　黃　子　萍
內文排版　顏　麟　驊
　　　　　王　信　中
封面插畫　李　岡　樺
封面設計　謝　佳　穎

出版者　聯經出版事業股份有限公司
地址　新北市汐止區大同路一段369號1樓
叢書主編電話　(02)86925588轉5320
台北聯經書房　台北市新生南路三段94號
電話　(02)23620308
郵政劃撥帳戶第0100559-3號
郵撥電話　(02)23620308
印刷者　文聯彩色製版印刷有限公司
總經銷　聯合發行股份有限公司
發行所　新北市新店區寶橋路235巷6弄6號2樓
電話　(02)29178022

編務總監　陳　逸　華
副總經理　王　聰　威
總經理　陳　芝　宇
社長　羅　國　俊
發行人　林　載　爵

行政院新聞局出版事業登記證局版臺業字第0130號

本書如有缺頁，破損，倒裝請寄回台北聯經書房更換。 ISBN 978-957-08-7584-3 (平裝)
聯經網址：www.linkingbooks.com.tw
電子信箱：linking@udngroup.com

國家圖書館出版品預行編目資料

我還在跑，沒時間變老：人生賽道的四十個擇學/
蔡詩萍著．初版．新北市．聯經．2025年1月．296面．
14.8×21公分（當代名家）
ISBN 978-957-08-7584-3（平裝）
[2025年2月初版第二刷]

1.CST：人生哲學

191.9 113019964